3 000 km

Laura Lalande

3 000 km,

des chemins de terre aux sentiers de l'âme

Récit

Albin Michel

Retrouvez Laura Lalande
www.laura-lalande.com
Instagram : @laura.lalandee

Suivez-nous sur Instagram
@albinmichel_et_moi
Santé, bien-être, vie quotidienne, cuisine,
parentalité, psycho,
développement personnel, nature,
loisirs et plus encore...

SOMMAIRE

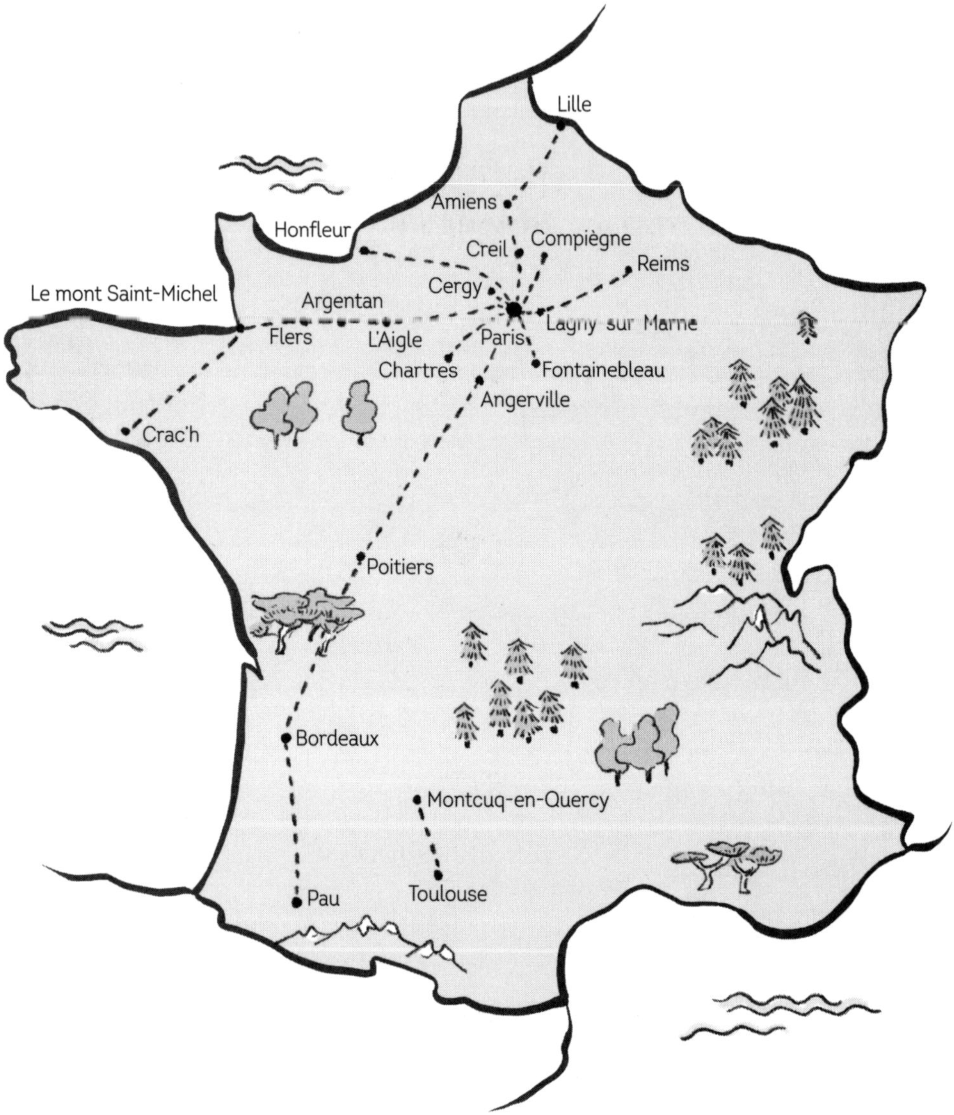
Lille
Amiens
Honfleur
Creil
Compiègne
Reims
Cergy
Le mont Saint-Michel
Argentan
Lagny sur Marne
Flers
L'Aigle
Paris
Chartres
Fontainebleau
Angerville
Crac'h
Poitiers
Bordeaux
Montcuq-en-Quercy
Pau
Toulouse

ITINÉRAIRES
DE MES LONGUES MARCHES

2015

- Paris (75) - Poitiers (86). Juillet-août 2015
- Paris (75) - Versailles (78). Septembre 2015

2016

- Paris (75) - Lagny-sur-Marne (77). Février 2016
- Paris (75) - Amiens (80). Mai 2016
- Poitiers (86) - Bordeaux (33). Juillet 2016
- Paris (75) - Chartres (28). Octobre 2016

2017

- Paris (75) - Creil (60). Février 2017
- Paris (75) - Reims (51). Mai 2017
- Bordeaux (33) - Pau (64). Août 2017
- Paris (75) - Fontainebleau (77). Octobre 2017

2018

- Paris (75) - Saint-Cyr (78). Mars 2018
- Paris (75) - Honfleur (14). Juin 2018

2019

- Paris (75) - L'Aigle (61) – Premier tronçon vers le mont Saint-Michel. Juin 2019
- L'Aigle (61) - Argentan (61) – Deuxième tronçon vers le mont Saint-Michel. Octobre 2019

2020

- Argentan (61) - Flers (61) – Troisième tronçon vers le mont Saint-Michel. Février 2020
- Flers (61) - le mont Saint-Michel (50). Juillet 2020

2021

- Paris (75) - Compiègne (60). Janvier 2021
- Paris (75) - Vauhallan (91). Juin 2021
- Paris (75) - Angerville (91). Septembre 2021

2022

- Toulouse (31) - Aucamville (31). Juin 2022
- Le mont Saint-Michel (50) - Crac'h (56). Juin 2022
- Amiens (80) - Lille (59). Octobre 2022

2023

- Paris (75) - Cergy (95). Mars 2023
- Aucamville (31) - Montcuq-en-Quercy (46). Octobre 2023

« Oh, une animation gratuite ! Les enfants, asseyez-vous ! »

La jeune femme m'adresse un clin d'œil : « Il ne se passe jamais rien, ici ! »

Une à une, je vois les têtes blondes s'exécuter sur un morceau de trottoir. Avec des yeux tout ronds me fixant étrangement. Je souris et songe à Bernard Ollivier dans son livre Longue marche, *invité dans une école d'une façon à peu près similaire.*

Nous sommes dans un minuscule village, aux confins de l'Île-de-France. À trois jours de marche de Paris. L'air est doux, en cette fin de journée de juin.

Celle qui vient de parler aux enfants, c'est Valentine. Elle a le regard franc, pétillant. Le sourire généreux. Elle est née ici, elle travaille à l'école où elle a réalisé toute sa scolarité. Elle me glisse que, un jour, elle se présentera peut-être comme maire… ça aurait du sens, non ?

Les enfants ne manquent pas de questions :

« Comment tu fais tes courses ?

– Et si t'es dans la forêt et qu'il n'y a pas de supermarché ?

– Tu dors où ?

– Pourquoi tu ne vas pas à Honfleur en voiture ? Tu sais ça irait plus vite.

– Comment tu fais pour te brosser les dents ? »

Cette question, inattendue, revient plusieurs fois. Un petit me précise même qu'il est possible de se brosser les dents dans un avion.

Valentine prend une photo de moi avec les enfants, pour que « les collègues la croient quand elle racontera ».

« Tu nous envoies une photo de la mer, quand t'es arrivée à Honfleur ?

– Bien sûr, Valentine. Bien sûr. »

Longue marche Paris – Honfleur – Juin 2018

AVANT DE PRENDRE LE CHEMIN

Pendant des siècles, la marche a été un moyen de se relier au monde. On marchait d'un champ à l'autre, d'un village à l'autre. Dans le monde occidental moderne, la marche est un moyen de se relier à soi-même. Aujourd'hui, hormis quelques rares exceptions, on ne marche plus par nécessité. Mais par volonté.

C'est une communauté nomade à laquelle on choisit d'appartenir pour un temps plus ou moins long. Elle nous relie directement et intimement à l'essence de l'humain. Nomade.

Le marcheur est de passage. Il n'a ni identité sociale, ni identité professionnelle. Il glane les histoires, les paysages et les mémoires. On lui confie des secrets de vie. On lui donne un peu d'argent pour allumer quelques cierges, plus loin sur son chemin. Il le fera, même s'il n'est pas croyant ou que sa spiritualité diffère. Du marcheur au pèlerin, il suffit parfois d'une flamme. Le marcheur avance, le pèlerin prie. Il pose dans ses pas l'intention d'un monde libre et heureux. Quelque soit sa religion ou ses croyances. Le pèlerin est conscient d'appartenir à un ensemble qui le dépasse. Nous partons marcheurs et, souvent, devenons pèlerins.

Marcher, c'est prendre la mesure, l'échelle de l'humain.

Projeter ses pensées sur l'horizon et non plus sur les murs d'une maison.

Habiter chaque instant et sentir vibrer cette part sacrée de l'enfance où chaque rencontre, chaque parcelle d'inattendu, est vécue comme une fête.

Marcher est une redéfinition, une remise en question perpétuelle du rapport à soi et à l'autre. Une forme d'altérité revisitée, éloignée d'un quotidien où les habitudes la font trop souvent aller de soi. Comme acquise.

Marcher, c'est côtoyer la vie dans sa plus simple expression. C'est un accès inédit à l'incroyable complexité que recèle chaque individualité. La marche est un mystère. Elle paraît simple, anodine. Elle est pourtant emplie de secrets qui ne seront révélés qu'à ceux et celles qui osent l'expérimenter.

Sillonner mon pays. Quitter Paris, où j'ai vécu les treize dernières années, à pied. Fermer la porte de mon appartement et partir. Un rituel s'est mis en place.

À chaque nouvelle saison, une nouvelle destination : Chartres, Amiens, Reims, Creil, Compiègne, Honfleur, le mont Saint-Michel...

Comme si je traçais un cercle depuis chez moi, et que ses rayons constituaient autant de directions à explorer.

Comme si mes pas élargissaient l'horizon de mes yeux. Tel un chat agrandissant progressivement son territoire. Vingt-quatre longues marches, la plupart depuis Paris. Plus de trois mille kilomètres à pied.

Durant toutes ces années, je n'ai pas eu le sentiment de choisir mes destinations. Elles s'imposaient à moi comme une nécessité. Des parts irrationnelles de mon être, de strates de vécu enregistrées à mon insu, étaient à l'œuvre. Un matin je me réveillais et je savais où je devais aller. C'était une logique qui m'échappait, mais à laquelle j'obéissais.

Être en chemin commence bien en amont du premier pas. C'est un état d'esprit. Parfois, le *pourquoi* de la destination m'était donné d'entrée de jeu. Dans d'autres cas, il se révélait plus tard. Certaines marches sont restées un mystère.

À chaque fois que je dépassais ce périphérique qui tient lieu de rempart entre Paris et le reste du monde, que je m'éloignais, nomade, de la capitale civilisée pour gagner à la force de mes pieds les champs de vents emmêlés, une émotion aussi brève qu'intense m'envahissait. Les larmes aux yeux.

Être en chemin, c'est un état d'esprit.

Comme une bouffée euphorisante.

« Je l'ai fait, je l'ai encore fait, je suis sortie de Paris à pied ! »

De cette capitale qui m'avait paru si démesurément immense, lorsque je m'y étais installée.

À chaque longue marche, je sentais vibrer dans toutes mes cellules celles des campagnes bordelaises et toulousaines de mon enfance.

Le point de départ de ces pérégrinations se situe en 2015, lorsque je choisis de rallier Bordeaux, ma ville natale, depuis Paris. Jeune femme de vingt-huit ans, m'engageant sur l'authentique et désertique voie de Tours du chemin de Saint-Jacques-de-Compostelle, je décide de suivre la tradition des anciens pèlerins : partir à pied de chez moi. Du connu. De rues cent fois parcourues.

Tout au long de ce premier chemin, une seule règle pour mon quotidien de pèlerin : ne-pas-quitter-le-chemin. Pas de bus, pas de train, pas d'auto-stop. De la continuité. Je comprendrai des années plus tard le sens de ce principe.

À cette période, ma vie ressemblait à une grande fête délurée qui ne s'arrêtait jamais. Abonnée aux amours éphémères, j'enchaînais en parallèle les missions dans le secteur culturel sans parvenir non plus à m'y ancrer véritablement. J'étais animée d'un intense besoin de liberté. La plupart de mes projets s'effondraient à peine mis sur pied, châteaux de cartes au vent désordonné de mes nouvelles idées. Changements brusques de direction, de domaine, d'orientation, mus par une sorte d'urgence sacrée : *trouver ma place*.

À vingt-huit ans, je me sentais encore une enfant dans un monde de grands.

Ces longues marches depuis Paris sont devenues un rituel de retour à soi.

C'est enthousiasmant de se savoir en chemin. C'est plus gai que de se penser en chantier.

Partir à pied de chez soi, c'est comme partir de soi. La pensée compulsive et ordinaire s'ancre dans nos repères quotidiens. Elle tourne en rond dans les lieux qu'elle connaît.

En lâchant tout, en quittant tout, je m'offrais la possibilité, au fur et à mesure des rues parisiennes, des quartiers de la banlieue francilienne et des premières forêts qui défilaient, d'oublier l'histoire que je me racontais à mon sujet. Pour me réinventer.

Tout au long de cette première marche en direction de Bordeaux, le territoire s'est mystérieusement agencé jusqu'à ce que l'évidence ne puisse être davantage niée : une grande partie des villes et des villages que je traversais avait un lien avec l'histoire de ma famille. Mes aïeux l'avaient habité, une partie de leur descendance s'y trouvait encore...

Poitiers, où vivait une des sœurs de ma grand-mère.

Saintes, où vivait un autre de ses frères.

Pons, à onze kilomètres du village où ma grand-mère travaillait dans les années 1950 lorsqu'elle s'est trouvée enceinte de ma mère...

Je cherchais ma place, le chemin de mon présent, en marchant vers ma ville natale... et avançais vers le passé.

Et peut-être même allais-je découvrir l'identité de mon grand-père ?

Cette épineuse question qui me taraudait depuis toujours, entraînant quintes de toux et rougissements lorsqu'elle était posée un peu trop frontalement à n'importe quel membre de ma famille.

Une gêne. Un silence.

Un secret de famille a ceci de particulier qu'il constitue une bulle hors du temps. Contrairement à nos classiques anecdotes qui se résorbent, s'oublient au fil des conversations et des générations, le secret reste exactement tel quel. L'onde de choc provoquée par l'événement initial ne pouvant se dissoudre dans le mouvement naturel de la vie, il se transmet, telle une patate chaude, aux générations suivantes.

Insaisissable sous sa cloche de verre, il devient à la fois trou et caillou dans les lignées, invisible épine dans les pieds de ses enfants qui, même devenus grands, répètent les mêmes schémas, commettent d'invraisemblables actes manqués. Sans qu'ils sachent exactement *pourquoi.* Avec une vague idée, toutefois.

Toute l'année 2014 qui a précédé mon premier départ sur la voie de Tours du chemin de Saint-Jacques-de-Compostelle, j'ai sollicité les mémoires de ma famille. Leurs non-dits. J'ai flirté avec leurs interdits. Frôlé l'illégalité. Risqué l'exclusion du clan. Oncles, tantes, cousines se renvoyaient la balle. Vers quelqu'un qui peut-être *saurait* qui est mon grand-père.

« Je n'ai aucune information. Tout ce que je sais, c'est que ta grand-mère a accouché sous X à Pau, puis que ta mère est revenue dans la famille quelques années après. »
Ces heures de grattements de gorge au téléphone.

« C'est un truc terrible, ce qui est arrivé à ta grand-mère. C'est ce qui lui a forgé son caractère inhibé. Qui l'a obligée à fermer tous les volets. C'est une porte à ne pas ouvrir. »
De réseau subitement brouillé.

« Pourquoi tu veux savoir ça ? Tu veux faire du mal à ta mère ? »
De chien qui aboyait trop fort et couvrait soudainement nos voix.

« Ta grand-mère a sûrement dû parler à quelqu'un, à l'époque. Mais à moi, non. »
De courgettes débordant sur le feu.

« Il faut vraiment que tu saches que je ne sais rien. Tous ces secrets, ça reste. Tu peux essayer de le percer, mais regarde, ça s'en va dans la tombe. »

Toutes ces heures de silence, d'impuissance. Jusqu'à ces mots. Donnés par une des plus courageuses.

« Écoute Laura, quand on te dit *jure de ne rien dire*, tu jures ! »

Deux générations. Bientôt trois. Ce n'était pas un simple oubli, comme certains le laissaient présager. Mais un espace verrouillé. Un bon nombre de ses gardiens étaient aujourd'hui décédés, après avoir sombré dans la folie. Une folie que je sentais parfois me guetter, comme une épée de Damoclès depuis mon enfance, et qui n'avait de cesse d'augmenter avec les années qui passaient.

J'étais une page blanche. Indéfiniment blanche. Sur laquelle le savoir s'imprimait à très court terme, et s'effaçait au bout de quelque temps. Ce schéma revient souvent, chez les personnes qui trimballent un secret bien gardé dans les branches joyeusement chaotiques de leur arbre généalogique. *Savoir* n'est pas permis. *Savoir* est interdit. Et comme notre cerveau fonctionne par analogie, il étend cette injonction aux autres domaines, sans distinction.

Parfaite première de la classe durant toute ma scolarité, voilà qu'au moment de me lancer dans ma vie d'adulte, j'enchaînais les formations dans le milieu culturel, sans parvenir à retenir quoi que ce soit ni à trouver un métier qui me convenait. Le système plantait. Bug. Est-ce que la barque était pourrie depuis le départ ? Ou n'avais-je simplement pas compris comment naviguer ?

« Si tu ne sais pas où tu vas, regarde d'où tu viens. »

Ce proverbe africain m'était tombé sur le coin du nez un matin d'hiver, alors que j'étais tranquillement étendue sur le divan parisien du Docteur Freud qui m'aidait régulièrement à mettre de l'ordre dans ma santé mentale. Que je lui narrais inlassablement mes difficultés à « trouver ma place ». Mon métier, ma voie, ma carrière. Ce proverbe m'est tombé sur le coin du nez et immédiatement, est apparue la nécessité de le traduire en action.

En prenant la route à pied, en me mettant au pas de l'humain, je créais une fréquence commune entre mon présent et le passé de mes aïeux. Comme un puzzle géant à l'échelle du territoire.

Ce que j'honorais là avait la teneur d'une promesse ancienne, délicate à retrouver, difficile à convoquer. Enfouie sous les couches du passé.

Une seule fois, ce secret avait été révélé. Une seule fois. Quand elle était enceinte de moi, ma mère avait voulu connaître ses origines. Un soir, dans la ville de Bordeaux où ils vivaient, mes parents avaient interrogé ma grand-mère ; cette dernière avait sombré dans une impressionnante crise d'hystérie, à tel point que mes parents traumatisés avaient instantanément oublié le nom prononcé.

Pourtant, tapie au fond d'un ventre chaud et douillet, une minuscule petite fille écoutait. Et savait déjà qu'un jour, il faudrait y aller.

La véritable histoire de ces chemins, c'est au départ celle d'une jeune femme de vingt-huit ans qui prend cette petite fille par la main et lui dit...

« Viens, on va chercher ensemble. »

Certains chênes, paraît-il, ne perdent leurs feuilles que lorsque de nouvelles sont arrivées. De même, certaines histoires du passé ne peuvent se clore que si d'autres empreintes sont créées.

Pour que le passé puisse s'écouler. C'est le sens des marches de ces premières années.

Fouiller dans le brouillard des oubliés. Là où tout s'est embrouillé, où la transmission a été coupée. Fouler le sol, fouler la terre. Dans la nature, me reconnecter à ce qui m'est essentiel. Dans la finesse des écueils froissés de cet arbre généalogique, venir au monde. Explorer les forêts comme on cherche son identité. Ce pourquoi on est fait. Sa voie, sa vie. Sa carrière, sa mission d'âme.

Lorsque je me suis rendu compte en 2015 que mon chemin passait *juste à côté* du petit village de Charente-Maritime où ma grand-mère travaillait dans les années 1950..., tout en moi s'est mis à crier que j'étais folle à lier. Que c'était un terrain miné. Que ma famille allait désapprouver et qui sait... m'exclure à tout jamais...

Mais je m'y suis aventurée. Avec comme seule pièce à conviction, un bulletin de paye de 1954 aux bords jaunis, écrit à l'encre bleue, comportant l'adresse d'une pharmacie.

À mesure que j'approchais ce passé inconnu, parcourant les onze kilomètres qui séparaient ce petit village du chemin de Saint-Jacques-de-Compostelle, mes pas reliaient les âges perdus, oubliés dans les horizons fatigués. À l'aube d'une nouvelle vibration entre les époques, ils ouvraient une convalescence généalogique.

Soixante ans plus tard, j'étais là. J'entrais dans ce bourg où l'histoire de ma mère avait commencé. Fébrile, je me rendais à la pharmacie où ma grand-mère travaillait et donnais à examiner le bulletin de paye écrit à l'encre bleue, que nous avions retrouvé. Mais personne ne se souvenait. Personne n'avait connu. C'était trop vieux, tous avaient disparu. Déterminée, je continuais mon enquête auprès de la mairie. Mais les registres étaient muets. Trop d'années avaient passé.

Alors, peut-être de tristesse, de frustration, ou de dépit, alors que je n'étais pourtant guère au clair sur mon rapport à Dieu le Père, je me dirigeais d'un pas décidé vers l'église. Je comptais bien demander au plus haut placé de l'histoire à quoi il jouait, à m'envoyer dans ces villages paumés où personne n'avait rien à raconter. Car après tout, c'était peut-être bien le seul à savoir de quoi il en retournait.

En pénétrant dans l'édifice, je sentis une présence accueillante. Un homme d'une cinquantaine d'années leva le nez du carrelage qu'il était en train de laver. Il me dévisagea longuement.

Pour répondre à mon signe de tête, il agita un des gants roses en plastique dont il s'était affublé pour frotter.

« On dit toujours femme de ménage, je ne vois pas pourquoi ! »

On a ri ensemble. Il était plutôt grand, brun. Barbu. Vêtu simplement. Humble. Discret. Présent. J'ai déposé mon gros sac au pied d'une chaise en bois, près de l'autel, et me suis assise. J'ai fermé les yeux, inspiré longuement. L'église était fraîche. Odeur de myrrhe et d'encens. J'étais au bon endroit.

Albert me demanda ce qui m'avait menée sur les chemins. Je lui narrais brièvement l'histoire de ma grand-mère, ma quête de l'identité de mon grand-père. Il sortit son téléphone et appela quelques amis. Chou blanc. Personne ne se souvenait. 1954, c'était si loin.

Peut-être devant mon air abattu, Albert me raconta son histoire. Né d'un père inconnu, il avait longtemps nourri une forte colère, à ce sujet. Une expérience mystique avait changé le cours de sa vie. Voyant que je me détendais, il m'invita à un moment de prière. Tandis que je sentais les résistances s'abaisser, autour de nous, l'air vibrait d'une drôle d'atmosphère. Albert avait exactement la même histoire que ma mère. Né de père inconnu, face à une famille qui savait et refusait de parler.

Albert était en paix. Avec son passé. Ses failles, ses limites. Il m'inspirait. M'apaisait. Une heure plus tard, quand je me retournais une dernière fois pour le saluer avant de le quitter, il me dit que normalement, il ne venait jamais à l'église ce jour-là. Mais qu'il avait senti, ce matin, qu'il devait y aller.

« Il fallait laver ce carrelage. »

Mon cœur s'arrêta sur cette dernière phrase. Je me figeais. Ces mots, si anodins qu'ils allaient presque m'échapper. Parce que ce n'était pas là où je pensais chercher.

Laver le carrelage. C'était bien la seule bribe de vie qui nous était parvenue de l'épouvantable traversée de ma grand-mère, dans le foyer de jeunes filles de Pau, quand elle attendait ma mère. La veille de son accouchement, à genoux sur le sol glacé, en train de laver les marches du grand escalier.

L'été 2017, je suivis cette destination que semblait m'indiquer le chemin, et me rendais à Pau à pied depuis Bordeaux.

Sur place, je constatais que la maternité de 1955 avait laissé place à une coquette résidence d'habitations aux volets blancs, bordés de briquettes roses. Quelques rues plus loin, cherchant le foyer de jeunes filles dans lequel ma grand-mère avait été placée, je trouvais un lieu cerclé de grilles et de cadenas. Tous les portails étaient fermés. Visiblement désaffecté. Accroché à l'entrée, un panneau : « Vendu ».

Invitée à partager la tablée d'une tante de ma mère qui vivait là-bas, je fis de nouveau chou blanc avec les questions que je posais. Un chou blanc si grand qu'on aurait pu le faire en *salade*, avec une petite vinaigrette balsamique.

Lorsque l'on s'est construit avec l'interdit, lorsqu'une part de nous qui concerne nos origines est inaccessible, s'en approcher d'aussi près peut littéralement faire trembler les structures de notre être. Entre l'automne 2017 et l'hiver 2018, ce que je pensais alors avoir construit de ma vie, par pans entiers, s'effondrait.

Pensant avoir « trouvé ma place » au sein d'une formation supérieure dans le secteur culturel que j'intégrais dès mon retour de Pau, je m'y sentais pourtant de plus en plus mal. Une fois encore, et malgré toute ma bonne volonté, je ne retenais rien de ce qui m'était enseigné. Le schéma se répétait encore. Pour la première fois, je décidais de ne pas aller au bout et quittais le master, sans savoir ce que j'allais bien pouvoir faire de ma vie. Comme si ce n'était pas suffisant, je quittais *aussi* mon compagnon de cette époque. En guise d'imprévu – pompon du Japon ! –, mes colocataires, tour à tour, *me quittaient.*

Pour la première fois, je m'arrêtais au milieu de cette vie à mille à l'heure que je menais. Et passais six mois sur mon canapé, faisant face à un vide vertigineux.

Au théâtre – ce théâtre avec lequel j'avais grandi en commençant à le pratiquer dès l'âge de sept ans –, le noir est le moment où les lumières s'éteignent entre deux scènes. C'est un moment de suspens où, pour le public, il ne se passe rien. Mais qui augure une avancée de l'action. Car la vie s'affaire en coulisses. Rien n'est encore à montrer : tout est en train de se préparer.

La vie s'affaire en coulisses.

Je pensais que Pau était mon terminus, que ces longues marches étaient à présent clôturées. Même Docteur Freud semblait dire qu'il valait mieux tourner la page de ce passé résolument verrouillé. Et tandis que le brouillard de mon futur était à couper au couteau, que mes plus grands projets se déroulaient à l'échelle d'une journée, la plupart du temps en lisant un livre sur mon canapé...

Le chemin me proposa une nouvelle épopée. En juin 2018.

« Va à Honfleur », me disait-il.

Au vu du travail qu'il y avait à faire pour me permettre de respirer ne serait-ce que quelques minutes par jour hors du tunnel de mal-être dans lequel je m'étais fourrée, je trouvais sa stratégie plutôt bien pensée.

Après toutes ces années à marcher vers ce secret, même si sur le moment, je n'en étais guère consciente, j'étais arrivée au bout. Au bout de la terre. Au bout de ma terre. Il me fallait accepter pleinement ce *reset* auquel la vie m'invitait. Lâcher ce secret de famille que je n'avais pas réussi à percer. Trouver un endroit où le déposer. Laisser aller cette quête inaboutie qui me pesait. C'était le sens de cette marche vers Honfleur. C'était l'invitation de la mer. Un changement de matière. Pour amorcer le renouveau. Comme ces pèlerins qui arrivent à Saint-Jacques-de-Compostelle et pourtant décident de prolonger jusqu'au cap Finisterre, puis à Muxía.

Le 4 juin 2018, je quittais Paris sous un déluge sans précédent. Mon corps rouillé de ne pas avoir marché depuis de trop longs mois couinait de tous les côtés. Jusqu'à la veille de mon départ, j'avais failli annuler. Et c'est peut-être à ce moment-là, lorsque toutes les résistances lâchent, lorsque tout ce que l'on croyait savoir sur soi part en fumée, qu'une petite voix surgit et dit…

« Raconte ! »

Bien que n'ayant jamais véritablement écrit, je posais mon sac Porte de Champerret, m'asseyais trempée à la terrasse d'un café, et prenais un temps pour raconter ce départ sur les réseaux. Une heure plus tard, ébahie, je recevais une vingtaine de notifications et autant de commentaires sous la publication. Des remerciements. Du soutien.

Tout au long de cette marche, alors que j'errais depuis six mois dans la solitude la plus absolue, j'échangeais des dizaines de messages avec des internautes. La vie revenait.

Douze jours plus tard, j'arrivais face à la mer.

Sous mes pieds, sentir la terre bouger. Amorcer un changement. Subtil.

Le sable. Enlever mes chaussures. Celles qui avaient fait tant de kilomètres.

Au loin, entendre des enfants demander à leur grand frère dans une excitation mêlée de crainte quand viendraient les sables mouvants.

« Dans dix minutes. »

In extremis.

Et je l'aperçus. L'eau. Douce, légère. Se révélant avec simplicité, naturel. Comme une évidence. J'y glissais mes pieds fatigués.

Grisée par son clapotis joyeux, je vis s'entremêler les visages de ce voyage au bout de la terre.

Tous les sourires, tous les *Courage!* des inconnus sur le chemin.

La mer. Celle de tous les possibles. Affleurant le sable du bout des doigts, je songeais à cette phrase qui m'avait été donnée par un retraitant, dans une abbaye dans laquelle je faisais étape : « Jésus aussi marchait quand il voulait rencontrer le Père. Tu trouveras ta réponse. »

Machinalement, comme le ferait un enfant s'amusant, je traçais avec mon index de grands traits sur le sable tiède. Tout autour de moi. À l'image de ces innombrables chemins que je parcourais depuis des années en partant de Paris, telle une étoile vagabonde en quête de celui qui serait « le sien ». À l'image de ces innombrables formations professionnelles dans lesquelles je ne me sentais jamais tout à fait « à ma place ». À l'image de ce burn-out que je venais de faire en plein milieu de mes études supérieures à l'université.

Une étoile vagabonde.

Mais comment choisir ? Quel chemin choisir ? Mon doigt suivit alors une curieuse trajectoire. Sans que je sache vraiment ni comment ni pourquoi, un nouveau trait se traçait, à la verticale de tous les autres. Comme une couronne, une bienveillante auréole qui reliait ces chemins entre eux.

Sur cette plage de Honfleur, l'idée d'écrire un livre arriva comme le fil rouge entre tous mes chemins. C'était la cohérence. *Ma* cohérence.

Je n'avais pas à choisir un de ces chemins. *J'étais* tous ces chemins. Si je ne trouvais pas ma place, c'était peut-être parce que c'était à moi de la créer.

Ces scènes de vie et de chemin que vous allez découvrir, ces rencontres uniques au gré des sentiers ne parlent ni du secret, ni du vide vertigineux qu'il a pu créer dans ma psyché.

Non.

Car ces scènes de vie et de chemin m'ont offert un fil béni pour patiemment, rapiécer l'espace brut et inerte du non-dit familial.

Une savante opération de « chirurgie généalogique », effectuée au cœur de ces territoires où mes ancêtres ont sûrement traversé de sombres déboires ayant mené à la construction de ce secret. Ces mêmes territoires que j'ai traversés à pied sont désormais reconfigurés avec les histoires drôles, joyeuses et émouvantes que j'y ai vécues. Moi, la descendante.

Ainsi, si le secret de cette famille dont je suis issue a été l'étincelle de ces marches, il ne sera pas le sujet de ce livre.

De ce fait, le cheminement dans ce livre ne sera pas chronologique, car la chronologie est l'ordre du secret. Il sera thématique. Comme un florilège des extraits de mes divers carnets, rédigés au fil des années. Des extraits de vie.

Ces neuf premières années de marche m'ont aidée à comprendre que je ne pourrais changer ma mémoire au fonctionnement si étrange, au court terme déstabilisant. Mais que si je me sentais *page blanche*, je pouvais peut-être essayer d'y écrire quelque chose.

PARTIR

PRÉMICES

JUILLET 2015 – PARIS
À quelques jours du premier départ pour Poitiers

Sur la terrasse de mon appartement parisien, un de mes colocataires tente de m'expliquer avec une aiguille dans un verre d'eau comment fonctionne la boussole que mon père vient de m'envoyer. On découvre alors que, chez nous, le nord est aux toilettes. Fou rire.

Fredo est originaire de la Beauce, que je vais traverser d'ici une dizaine de jours.

« Prépare-toi, c'est un désert, tu ne verras rien d'autre que des champs pendant plusieurs jours ! Bon courage pour trouver un coin d'ombre ! »

Je me tiens en équilibre sur le seuil d'une aventure inconnue.

Dalia, jeune trentenaire qui a remplacé mon autre colocataire pour l'été, m'évoque ce film où une jeune femme part marcher seule, sur les chemins déserts des États-Unis. Elle sourit, secoue légèrement ses boucles brunes, une lueur malicieuse dans les yeux.

« Tu regarderas le film en rentrant, pas maintenant, d'accord ? »

Un frisson me parcourt. Ce projet, vaste, démesuré, est-il inconscient ? Je pars dans deux jours. Il est encore temps de faire demi-tour.

Je me sens jeune. Vierge. La France m'appelle et pourtant, je ne l'ai jamais si profondément appréhendée. Si intimement fouillée. Je me tiens en équilibre sur le seuil d'une aventure inconnue, au cours de laquelle, peut-être, de vieilles pierres me révéleront leurs mémoires d'horizons.

« Tu es sûre que tu veux partir seule ? »

Au téléphone quelques jours plus tôt, mes proches, inquiets.

Mon père, habitué des randonnées, m'offre cette boussole. Ma mère, infirmière, des pansements par dizaines.

Jeune louve à l'orée de son héritage. Avec pour tout bagage une boussole, des pansements, un sac trop lourd, et beaucoup, beaucoup d'amour.

CECI N'EST PAS UN PLACARD

16 JUILLET 2015 – SCEAUX (92)

« Ce n'est même pas la peine d'essayer de venir, Laura. Les clés sont enfermées à l'intérieur de l'appartement, un coup de vent tandis que j'arrosais les plantes sur le palier. La porte est bloquée, et personne, pas même vous, n'arrivera à la débloquer. »

Elle marque un temps d'arrêt. Semblant chercher ses mots.

« Je ne peux pas vous héberger, j'ai deux chats ! Je vous souhaite tout de même le meilleur. Bonne marche, bonne démarche, bonne quête ! »

Bien que ne comprenant pas le lien entre les deux chats et moi, je raccroche mon téléphone, un peu sonnée.

Il est quinze heures. C'est mon premier jour de marche sur la voie de Tours, un des quatre principaux chemins français de Saint-Jacques-de-Compostelle. Je me remémore cette première matinée. Partie vers neuf heures de mon domicile au bord du canal Saint-Martin, dans le Xe arrondissement de Paris. Arrêtée à neuf heures cinq au bout de ma rue pour réagencer ma tente sur mon vieux sac à dos, et que cesse ainsi cette étrange impression de me faire *râper le derrière*. Lancée dans la rue du Faubourg-Saint-Martin, au cœur de mon quotidien, l'air de rien. Sans maquillage, sans coiffure ni bijoux, en habits de simplicité, j'ai salué mon boulanger. Je ne sais pas s'il m'a reconnue.

Je me souviens de la petite exaltation au moment de fermer la porte de mon appartement... et d'y être. Ne pas « y être » dans deux ou trois heures de train ou d'avion, mais « y être » là, maintenant, tout de suite. Premier frisson de liberté.

Dépasser ensuite la tour Saint-Jacques et sa morsure en gargouilles dans le bleu du ciel. Point de départ mythique des traditionnels pèlerins. Poursuivre par la rue Saint-Jacques, aidée par les coquilles dorées cloutées au sol, entre les pavés. Direction l'extrême sud de la capitale.

J'avais repéré dans mon guide que la voie de Tours que je comptais suivre jusqu'à Bordeaux se prenait en toute modestie entre deux barres d'immeubles, derrière les rails de la station de métro de Châtillon-Montrouge. Alors que depuis plusieurs jours me taraudait la question : Comment vais-je sortir de Paris à pied… ? Passer le périphérique… ? … Une majestueuse Coulée verte m'avait permis de traverser nombre de villes pour cette première journée.

Jusqu'à ce point d'arrivée. Ou plutôt, de non-arrivée. Quinze heures. Sceaux, banlieue sud de Paris.

Je m'appuie contre le banc brûlant sur lequel j'ai posé mon sac, en face de l'appartement où j'étais censée dormir le soir. Les clés, dedans. Bibi, dehors.

Je regarde autour de moi. Dans ce quartier populaire, tout semble normal. Des mamans promènent leurs bébés en poussettes entre les barres d'immeuble. Des amoureux se tiennent par la main. D'autres sont au téléphone. Hier encore, j'étais dans leur monde. Ma présence, avec gros sac de randonnée et chaussures de marche, ne semble étonner personne. Sauf moi. Dans quel pétrin me suis-je mise, cherchant à parcourir à pied une distance tellement démesurée que même le *Google Maps* de mon ordinateur en perdait les pédales et m'indiquait un petit « cent onze heures » piéton ?

Le soleil cogne fort. Des gouttes de sueur s'échappent du foulard avec lequel j'ai entouré ma tête, et glissent dans mon dos, déjà trempé au contact permanent du sac après cette première dizaine de kilomètres parisiens. Je suis vraiment étonnée que cela se soit fait de façon si simple. Mais les villes se touchent autour de Paris. Des trottoirs en continu jusqu'à la Coulée verte. Je cherche un coin d'ombre. Soudain, j'entends comme des gloussements. Rires étouffés.

« Hé la bergère ! Ils sont où tes moutons ? »

À une dizaine de mètres sur ma droite, une bande de jeunes m'observe. Morts de rire. Je regarde ma longue natte rousse, sur le côté. Du bout des doigts, les yeux dans le vague, je survole les aspérités de mon bâton de marche. Ce long morceau de bois flotté qui semblait m'attendre, quelques jours plus tôt, sous un vieux chêne du parc Montsouris. À ce moment précis, je me sens plutôt mal à l'aise. Décalée. Comme une enfant déguisée qui aurait perdu le cortège du carnaval.

Je respire. C'est mon premier jour de marche, et je suis perdue au milieu de cette banlieue inconnue. Sans filet, sans plan B pour ce soir. Pourtant, je sais que je suis au bon endroit. Que c'est précisément parce que la porte est bloquée, que je suis partie marcher.

« Un jus d'abricot, s'il vous plaît. »

Un quart d'heure plus tard, je suis assise à la terrasse du café de la gare de Fontenay-aux-Roses. RER B. Rires nombreux, visages légers. De longs soupirs métalliques. Juste à côté, un train libère ses passagers.

J'attrape mon carnet et un stylo.

Écrit en gros sur la première page, comme pour dire que ça y est, j'y suis, et peu importe ce qui va arriver : Jour 1.

Ici commence le récit de ma quête. De mon enquête. De cette longue marche vers moi, vers ce que je suis vraiment, et vers la réponse à cette question qui, depuis toujours, me taraude : quelle est ma place ? Pour quoi suis-je faite ?

Destination : ma ville natale, Bordeaux. Plus de six cents kilomètres à pied. Du moins, c'est ce que je croyais à ce moment-là. Je ne savais pas que la réponse à ma quête se ferait en bien plus qu'une année, et qu'elle ne serait pas celle que j'envisageais.

Sirotant ma boisson fraîchement servie, je sens mon visage se détendre. Mes muscles se relâcher de l'effort accompli. Non, je ne vais pas rentrer. Je ne suis qu'à quelques stations de RER de chez moi, mais toutes ces heures de marche me donnent l'impression d'avoir effectué un long trajet. Et à l'échelle du marcheur, c'est le cas.

Sans que ce soit volontaire, j'ai toujours été en décalage avec mon époque. En avance, ou en retard. En clairvoyance, ou en résistance. Ainsi, les réseaux sociaux, les téléphones connectés ne font pas partie de mon quotidien en 2015. Je n'ai pas vraiment de culture internet et pars donc marcher sans avoir regardé des heures de chaînes vidéo bardées de conseils avisés. Le smartphone, acheté toutefois pour l'occasion, dispose d'une connexion internet ne fonctionnant pas encore. Ignorant tout du confort de ce téléphone *intelligent* qui aurait réglé ma situation en deux temps et trois mouvements par une location ou l'adresse d'un hôtel à proximité, je me contente d'écrire sur mon carnet de bord.

Alors que je tourne la tête pour m'allumer une de mes quinze cigarettes roulées journalières, le nom d'un bâtiment sur ma gauche attire mon attention. J'écarquille les yeux. De surprise.

À peine quelques mètres plus bas, se tient le foyer d'hébergement que j'ai joint une semaine plus tôt. Et qui a refusé la réservation de ma première étape, ne louant pas de chambre à la nuit.

Ici commence
le récit de ma quête.
De mon enquête.

À l'expression d'étonnement sur le visage de la jeune femme de l'accueil, j'en déduis que ce n'est pas elle, avec qui j'ai parlé au téléphone. J'opte pour la sincérité. Et lui raconte tout, de ce premier jour de mon périple à pied aux clés enfermées dans l'appartement qu'une amie d'amie devait me prêter. Lorsque je lui dis jusqu'où je compte aller, elle ouvre de grands yeux ronds.

« Vous n'êtes pas sérieuse ? »

Elle est jeune, plus jeune que moi, brune, un corps tout en rondeurs, de la douceur. Entre nous, une sororité. Ma bonne fée. Elle se lève, se dirige vers une petite armoire. En sort une clé. La 33. Un sourire espiègle au coin des lèvres, elle se retourne vers moi.

« Ne vous en faites pas, ce n'est pas un placard. »

Elle me tend ensuite un papier.

« Voici le code wifi de la résidence. Vous pourrez prendre le petit déjeuner dans la salle commune, entre sept heures et neuf heures. »

Je sors mon porte-monnaie.

« Laissez. Si c'est pour une nuit, vous savez... »

Je n'en reviens pas. Même aujourd'hui en écrivant ces mots, je n'en reviens toujours pas. J'arrive dans une grande chambre. Un lit propre, des draps frais. Une salle de bains privée. Osant à peine croire à ce qui vient de se passer, je remercie le chemin. Ce solide allié que j'ai choisi de parcourir pour les quelques semaines à venir pourrait être bien plus qu'un sentier caillouteux, ou un chemin goudronné entre deux barres HLM. Je sens sa force, nouvelle, au fond de moi. J'ai l'impression que je peux lui faire confiance, me reposer en lui. Qu'il ne me laissera pas tomber.

Je relis le message envoyé par mon amie Myriam, avant le départ. Une grande habituée des chemins de randonnée.

« Ne t'inquiète pas, tu es prête. »

TROUVER SA BOUSSOLE INTÉRIEURE

17 JUILLET 2015 – PALAISEAU (91)

Fraîche, pimpante, je me réveille à peine courbaturée de mon quatre-étoiles en cité universitaire. En préparant le trajet de ma journée, je me rends compte que j'ai oublié une partie des cartes IGN à Paris. Après une estimation à la louche, je demande à Dalia, ma colocataire parisienne de l'été, de me les envoyer à la mairie d'un petit village où je ferai étape dans quelques jours.

Deux demi-baguettes tartinées plus tard, je reprends le chemin d'un pas léger.

Très vite, je comprends que les rumeurs entendues avant mon départ, au sujet de cette fameuse « Voie de Tours » que j'emprunte, sont vraies : ce chemin est aussi peu balisé que fréquenté. Depuis hier, je n'ai croisé personne. Quelques jolies coquilles dorées semblent plutôt faire office de décoration locale. Heureusement, pour commencer, je poursuis la Coulée verte d'hier et les balises rouge et blanc du GR 655.

D'ici quelques jours, internet et GPS seront actifs sur le smartphone dans lequel j'ai spécialement investi pour le périple. Mon frère et mes amis m'attendaient au tournant.

« Bienvenue dans le XXIe siècle ! »

Ce deuxième jour, quatorze kilomètres à marcher, direction Palaiseau. Je prévois de petites étapes, pour commencer. Reliée à cette essence nomade et bipède de l'humanité, je mise sur la capacité de mon corps à s'adapter. Je m'abandonne entièrement, intégralement, à cette croyance que le nombre de pas que j'ai réalisés depuis mon arrivée sur la planète Terre constituerait un entraînement suffisant pour marcher trois à cinq semaines. C'est ma seule carte à jouer. Physiquement, je n'ai rien préparé. Pas sportive pour un sou, je n'ai pas pensé un seul instant que je pouvais *m'entraîner*.

Bientôt, les vastes sentiers de la Coulée verte laissent place à de petites routes départementales tranquilles. Le goudron est moins confortable pour mes pieds. Mais plus stable. Au besoin, je m'oriente grâce aux panneaux routiers ou à l'aide de ma carte IGN.

Sans que je m'y attende vraiment, je me retrouve bientôt entourée de champs de blé. Mon nez tout piqué n'en peut plus d'éternuer. Moi, je suis émerveillée. Ainsi, il suffit de marcher deux jours depuis Paris pour retrouver des campagnes semblables à celles de mon enfance toulousaine ? Cela contredisait cette sensation de capitale tentaculaire, que j'avais eue à mon arrivée cinq ans plus tôt.

Châtenay-Malabry, Amblainvilliers... Les choses s'emboîtent avec une facilité déconcertante. Les petits soucis et tracas du quotidien s'éloignent progressivement. Sur le chemin, je n'ai qu'à m'occuper de moi. C'est tellement apaisant. Reliée à la colonne vertébrale de mes besoins : manger, boire, dormir, être en lien avec l'autre.

À l'entrée de Verrières-le-Buisson, une vive douleur me prend au pied gauche. L'enseigne de la pharmacie du village indique 31 °C. Je pose mon sac au sol, enlève ma chaussure puis ma chaussette saveur fennec. Bingo. Première ampoule.

Sortant l'aiguille de mon kit à couture, je regarde la bulle fine et translucide qui affleure derrière mon pied. Devant la pharmacie, rôtie à 31 °C, j'attrape mon briquet. Passe l'extrémité de l'aiguille dans le bleu de la flamme. Crève l'ampoule. Désinfecte. Laisse sécher. Mets un pansement. Et repars.

Fin de ma deuxième journée sur le chemin. Pas une once de vent ou de brise. La chaleur pénètre tous les pores de ma peau. Je me sens aussi desséchée qu'une racine de gingembre. Je lutte pour rester éveillée, abrutie par l'animosité du ciel lourd et menaçant, proche de l'orage.

Je tourne en rond, ne parvenant pas à trouver le moulin dont parle mon guide du GR 655. Personne à l'horizon. J'en deviens nerveuse. Où sont les flots de pèlerins du chemin de Saint-Jacques, dont j'ai lu des descriptions tellement rocambolesques dans mes livres de chevet ?

Soudain, un vieux camion Citroën garé au fond d'une rue attire mon attention. C'est un C35, le même modèle que celui que j'avais à vingt ans. Tandis que le mien était orange et crème, celui-ci est violet. Ma couleur préférée. Enthousiaste, j'y vois un signe de l'univers pour m'indiquer le chemin, et fonce dessus. J'arrive à son niveau. La rue est une impasse. Un peu dépitée, je reviens sur mes pas quand une voix me fait sursauter.

« Normalement, je marche en groupe. Mais aujourd'hui, il faisait trop chaud, je les ai laissés partir devant. Vous aussi, vous marchez ? »

Je me retourne et y regarde à deux fois. Une vieille dame se tient là. Soixante-dix, soixante-quinze ans. Une peau fripée, diaphane. Presque irréelle. Baskets et bâtons de randonnée. Lunettes de soleil aux verres jaunes qui lui donnent un petit air de *rock-star* à la retraite. Contrastant avec une manière plutôt précieuse de s'exprimer… qui me fait penser à ma grand-mère. Plus je découvre ses traits fins, ses yeux marron des bois, plus c'est indéniable. Elle lui ressemble. Je suis stupéfaite. L'instant d'avant, il n'y avait personne.

« Bien sûr, je connais le moulin que vous cherchez ! J'y vais depuis que je suis toute petite ! »

Cette chaleur, contre laquelle je pestais quelques minutes plus tôt, me permet finalement de rencontrer celle qui m'aide. Avec Mamie Rock et ses lunettes jaune soleil, on parle de tout, de rien. Le long de la Bièvre. Elle me remet sur le bon chemin.

Lorsque nous nous quittons une demi-heure plus tard, une pointe de nostalgie m'envahit. Ce petit bout de chemin parcouru ensemble. Cette rencontre, déjà terminée. Cet échange sympathique, si rapidement clôturé. À aucun moment en préparant mon voyage, je n'avais envisagé que la solitude, cette intimité avec moi-même, pourrait me peser. Que ce qui m'était donné me serait si vite repris.

Dans mon quotidien, je passe rarement une journée sans voir une tête familière. À travers eux, à travers leur regard qui me connaît et me reconnaît chaque jour, je ressens la continuité de mon être sur le fil du temps, du passé au présent. Ils sont mes repères. Sur le chemin, toutes les relations sont vierges, à inventer dans l'instant. Ce qui décuple les possibles. Et peut aussi les rendre impressionnants.

Une rencontre requiert une attention totale. Une intense présence. Un mot dit trop rapidement, et c'en est fait du fil ténu éphémèrement tissé entre les deux êtres. Rencontrer, c'est rejoindre un rythme, une valse de paroles, une architecture de pensées différente de la sienne. Et en même temps si proche.

Rencontrer, c'est risquer.

Trouver, dans le regard de l'autre, l'endroit où l'on se reconnaît peut prendre du temps. Parfois, cela n'arrive jamais. Rencontrer, c'est risquer. Pour oser ces relations brèves et désintéressées, il faut se présenter en page blanche et accepter d'ignorer le mot d'après.

Depuis mon départ, je suis loin des personnes familières qui balisent habituellement les chemins de mon quotidien et qui, sans que j'en ai conscience, me sécurisent. Je me sens devenir autonome. Mon propre repère. Devoir compter sur moi et seulement sur moi-même pour prendre soin de mon être et assurer ma sécurité. Le chemin m'apprend à apprécier ma propre compagnie, comme celle d'une bonne amie. « Empuissancement » au féminin, il suffit de partir sur le chemin. Coût du programme ? Une paire de bonnes chaussures de randonnée.

Le soir, après avoir subi un choc thermique en entrant dans l'hôtel climatisé, je consigne ma journée dans mon carnet, et lave mes habits avec le gel douche de l'hôtel pour économiser l'unique savon emporté. Tandis que j'accroche mes sous-vêtements sur le fil de la lampe de chevet, ouvrant la fenêtre pour éviter que ma petite culotte ne *congèle*, je me vois répéter les mêmes gestes que la veille. Le rituel se met en place. Nécessaire. Implacable.

Formalités d'accueil et d'arrivée dans le lieu. Douche. Lessive. Soin des pieds. Journal de bord. Trajet du lendemain. Recherche d'hébergement pour le surlendemain.

Au fond de moi, une joie simple et puissante jaillit d'un coup. Ça y est, je suis partie. Mon plan fonctionne. Oui, dans la France du XXIe siècle, on peut relier des villages à pied. Au cœur du nomadisme, je me surprends pourtant à rêver d'un cinéma avec un bon restaurant. Ou à me faire livrer des sushis. Ceux au saumon avec du fromage blanc à l'intérieur. Comme les petits poissons accrochés à mes sandales en plastique rose fluo. Blup.

AU RYTHME DE L'ÊTRE HUMAIN

18 JUILLET 2015 – LA VILLE-DU-BOIS (91)

Sur le chemin, tout paraît plus lent. Plus profond. C'est un voyage dans le temps. D'une époque au pas de l'humain, où la plus grande vitesse connue est celle d'un cheval au galop. Bientôt, j'ai l'impression que chaque journée en contient trois. Vivre à l'extérieur et au rythme du soleil rétablit une horloge biologique vieille de plusieurs millions d'années que j'utilise finalement peu au quotidien. Je me sens comme un électron en roue libre dans l'univers. Chaque chemin est une trouée, une percée, une progression vers un ailleurs, un mouvement d'expression de la vie qui circule.

Le rythme « pèlerin » est un étonnant tempo : ni trop rapide, ni trop lent. Chaque pèlerin a son propre rythme de marche : celui de sa cohérence intérieure. Trop vite, et c'est la tendinite. Trop lent, et c'est l'ennui, l'inertie.

Quand je marche, je laisse filer mes pensées de tous les côtés. Passé, futur, jugement ou réflexion, plans sur la comète. Le corps, mon souffle, mon ancrage. À l'intérieur, ça tire, ça braille. Combien de kilomètres, encore ?

Je comprends très vite le secret pour tenir dans la durée : rester centrée sur le présent, sans quoi le nombre de kilomètres à avaler paraît insurmontable. Je commence à comprendre le sens du mot « présent ». Vivre au présent, c'est avoir soif et demander de l'eau. Avoir faim et s'arrêter pour manger. Le silence du chemin fait émerger la présence à soi. Le silence du marcheur, du méditant, du priant, du Bouddha, de la religieuse au fond de son couvent. Le silence de la terre en hiver. Le silence de ceux qui pleurent un être disparu.

LES FÉES N'ONT PAS LE TÉLÉPHONE

18 JUILLET 2015 – SAULX-LES-CHARTREUX (91)

Les espaces urbanisés commencent à se raréfier. Au troisième jour sur le chemin, je circule plus facilement. Je croise mon premier champ de maïs. Le vent agite le haut des épis, dans un bruit caractéristique d'air froissé. Autour, le silence. Enfin. Un moment sacré qui me donne envie de pleurer.

À l'approche de Saulx-les-Chartreux, je découvre, joyeuse, un cimetière. Pourquoi joyeuse en découvrant un cimetière ? Parce qu'un cimetière est toujours équipé d'un robinet dont l'eau, la plupart du temps, est potable. Les morts abreuvent les vivants. Et si vous avez de la chance, vous y trouverez même des *toilettes*.

C'est bien la mienne ce jour-là car, depuis le début de la journée, je ressens un élancement dans ma hanche gauche. Je profite de ce carré d'intimité pour masser le muscle aux huiles essentielles. Et luxe suprême : me laver les mains après.

Sur les marches de l'église, faute de pèlerins, je partage mon déjeuner avec quelques fourmis. Soudain, une petite dame sort de l'église en clopinant, un panier en osier à la main. Légèrement bossue. Elle a l'odeur des bancs en bois et des vieux livres sacrés. Toute ridée. On dirait une vieille fée. Dans sa robe à fleurs bleues. Elle s'approche de moi et me pose quelques questions.

« Vous allez à Bordeaux ! À pied ! Vous n'êtes pas arrivée ! Mais vous savez que c'est rare, de nos jours ! »

Elle sort un mouchoir de sa manche et essuie la goutte au bout de son nez enrhumé, malgré les trente degrés.

« C'est incroyable ! Un membre de notre paroisse qui est justement dans l'église ce matin...

Elle s'élance vers le monument.

– François ! Venez ! Il y a devant l'église une personne qui va à Bordeaux à pied !

Silence. Elle revient la mine basse.

– Il est au téléphone. »

Chute libre de mon imaginaire romanesque. Les fées ne sont pas tributaires du téléphone. Tant pis. Mordant dans ma tartine aux rillettes thon-tomate, je la regarde s'éloigner. Je suis contente de cette première partie de la journée. J'ai marché plus de huit kilomètres, soit la moitié de mon trajet. N'étant toujours pas sportive ni entraînée, je continue à faire de petites étapes. Dix, quinze kilomètres par jour.

Vers dix-sept heures, tandis que je confirme avec l'ensemble de mon corps moite que les trente-trois degrés annoncés sont bien réels, je dépasse deux hommes dans une voiture grise arrêtée. Au fond d'un champ.

« On vous a vue au bord de la route, on voulait vous parler, on s'est arrêtés exprès ! Vous allez où comme ça ? »

Ils me disent de prendre soin de moi, avec cette chaleur. Me proposent même une bouteille d'eau. Je note, presque étonnée, que je ne ressens pas de peur. Pourtant, une femme au fond des champs qui rencontre une voiture avec deux hommes à son bord... Cela a de quoi terrifier, non ? Mais le chemin offre un espace de sécurité incomparable : celui de l'expérience du présent.

Le chemin offre un espace de sécurité incomparable : celui de l'expérience du présent.

La plupart du temps, nos peurs sont issues de projections de ce qui *pourrait* arriver, d'un gros paquet d'inconscient collectif, et d'innombrables scénarios surmédiatisés. Le présent est la seule façon de les contrer : ici et maintenant, tout va bien. Je m'efforce de regarder les personnes pour ce qu'elles sont – deux hommes plutôt sympathiques m'offrant une bouteille d'eau – et non deux démons voulant profiter de ma candide jeunesse.

Je ne savais pas encore que d'autres surprises, moins rassurantes, m'attendaient un peu plus loin. Mais ceci est une autre histoire.

SERVICE APRÈS-VENTE

19 JUILLET 2015 – LONGPONT-SUR-ORGE (91)

« Il faut avoir un maximum de tampons sur ta crédenciale, c'est très important ! Moi, depuis que j'ai fait le chemin de Saint-Jacques, partout où je vais, je fais tamponner ! Je suis allé au Vatican, j'ai fait tamponner !

– À pied ?

– Non, mais c'est pareil ! »

Mon joggeur expire bruyamment à la fin de sa phrase. L'air frais du matin fait un halo de fumée. Il reprend ses étirements sur la barre de bois contre laquelle je m'étais adossée. À côté de nous, l'Orge et son roulis de clapotis. Doucement, le soleil commence à monter, faisant scintiller les petits cailloux argentés de ce circuit piéton de l'Essonne.

Je regarde le corps svelte et musclé de mon compagnon de pause. Je l'imagine sifflotant le nez au vent, dans son legging bleu électrique avec ses baskets aérodynamiques, sur des étapes de quarante à cinquante kilomètres. En route vers Saint-Jacques-de-Compostelle, faisant campagne pour un tamponnage intensif de la crédenciale. Avec mes quinze cigarettes roulées par jour, je me fais plutôt l'effet d'une Deux-Chevaux avec starter.

Il me gratifie du traditionnel « Ultréïa ! », cri de force et de ralliement des pèlerins du chemin de Saint-Jacques, puis s'éloigne à petites foulées.

La crédenciale. Ce petit carnet en forme d'accordéon est obligatoire pour accéder à la plupart des hébergements du chemin de Saint-Jacques-de-Compostelle. C'est le passeport du pèlerin. Tous les soirs, il faut penser à la faire tamponner, sous peine de se voir refoulé de certains lieux. Parfois, un petit mot est ajouté. Au retour, la crédenciale est comme une carte postale. Un témoin des lieux visités, des temps passés, des visages découverts. Un condensé du voyage. L'or du pèlerin.

À peine repartie, je suis de nouveau interpellée.

« On m'a parlé de vous au village ! Vous faites le chemin de Saint-Jacques, n'est-ce pas ? »

Je me retourne, étonnée. Un grand monsieur chauve perdu dans un short bleu (décidément) tout aussi grand me sourit. Des lunettes. De la douceur dans le regard.

« Je vous ai reconnue au bâton ! Ceux des pèlerins sont toujours différents des autres ! Et au linge qui sèche sur votre sac. »

Il parle sûrement de mes chaussettes, décrochées de leur séchoir en plein air au beau milieu de la nuit dernière, tandis qu'un *petit* orage de passage les arrosait copieusement.

Mon grand chauve s'avance vers moi et me tend la main. Joseph. Il habite dans le coin. Il est bénévole dans une association d'amis du chemin de Saint-Jacques. Cette même association qui m'a donné des listes d'hébergements, les itinéraires du chemin, et délivré la fameuse crédenciale.

« Vous êtes responsable du service après-vente ? » lui demandé-je en riant.

Au fil des mots échangés, je sens que ce que Joseph veut surtout savoir, c'est si je vais bien. À sa demande, je pose mon sac au sol.

« Voyons s'il fait bien un sixième de votre poids. »

Je me souviens de la veille du départ, une copine venue boire une bière d'encouragement sur ma terrasse. Après son passage, refaire mon sac une fois. Deux. Quatre. Au bout de la sixième, comprendre que je ne pourrais plus rien enlever. Et qu'il me restait environ deux heures pour dormir.

Ce qu'il contient n'est pourtant pas du superflu. Un litre d'eau sur le côté. Dans la poche du haut, le gilet jaune, mes cigarettes, mon livre de chevet – économe (et futée), j'ai choisi un ouvrage léger du Dalaï-Lama, en songeant que le temps de méditation sur chaque paragraphe pourrait couvrir celui de mon voyage –, mon carnet de bord, une trousse avec mes papiers d'identité et de santé, quelques timbres, deux enveloppes. Ma crème solaire. Un rouleau de papier toilette et quelques petits sacs poubelle pour mes déchets.

Au fond du sac, une tente et un duvet léger.

Le reste de mes affaires réparti dans trois grands sacs plastiques, eux-mêmes glissés dans un grand sac plastique de la taille de mon sac. Pour l'étanchéité en cas de pluie.

Le sac « nourriture » qui contient mes galettes de maïs préférées et le poisson en conserve qui les agrémentera. Des fruits secs. Quelques doses de café lyophilisé, des tisanes et des soupes déshydratées. Des compotes. Du sucre. Une tasse en plastique. Une cuillère. Un couteau multifonction.

Le sac « habits » comprend ma tenue du soir qui me sert aussi de pyjama. Ma cape de pluie. Une serviette microfibre. Sur moi, le pantalon que je porte tous les jours, vert kaki avec de nombreuses poches contenant mon porte-monnaie, la carte IGN, un sifflet si je me tords la cheville dans la forêt ou pour signaler ma présence à un chasseur mal réveillé. Mon téléphone.

Le troisième sac, « fourre-tout » : trousse de toilette et petite pharmacie. De la ficelle, des pinces à linge. Une lampe frontale. Le chargeur et une batterie nomade. Des écouteurs. Une couverture de survie.

Pour le soir, mes ravissantes sandales en plastique rose. Avec les petits poissons accrochés sur le côté. Blup.

Dans mon attirail, je compte encore un grand tissu en coton léger, noué sur ma tête en turban au moment où je parle à Joseph, qui me sert de tour de cou le matin, de nappe de pique-nique à midi, éventuellement de serviette de bain l'après-midi...

Bonne élève, je termine mon énumération.

« Parfait », valide-t-il.

Avant qu'il ne parte, je lui raconte ma rencontre matinale avec le joggeur au corps svelte. Mon étonnement à collectionner ainsi les tampons. Il éclate de rire.

« Vous savez, pour faire ce chemin, il faut avoir une case en plus... ou une case en moins ! »

QUI A PEUR DU LOUP ?

Le premier départ sur le chemin est celui de tous les départs. Les premières fois, celles de toutes les autres. Sur ce premier chemin en direction de Bordeaux, j'ai rencontré la peur.

Il existe deux types de peurs : celle qui avertit d'un danger immédiat, et la peur de projection de ce qui *pourrait* arriver. La première nous sauve, la seconde nous entrave. La seconde arrive aux frontières du connu. Lorsque nous quittons notre zone de sécurité.

Le chemin connecte cette part d'archaïque, sauvage et inconnue, cette part en lien avec nos racines profondes de *Sapiens* nomades, chasseurs-cueilleurs, fourrageurs. Bien que chacun ait ses bagages, son vécu, la plupart des peurs de se lancer sur les chemins sont inscrites dans l'histoire de l'humanité.

Ce sont des peurs liées à la survie de l'être : se perdre, être suivi, ne pas trouver à manger, ne pas savoir où dormir, manquer d'argent, se faire agresser, rencontrer un animal sauvage, entre autres. Ces peurs ont toute leur légitimité. Elles font partie du chemin. Les dépasser fait AUSSI partie du chemin.

Mais pour sortir de ces peurs, encore faut-il accepter d'y entrer. Pour cela, le chemin ne laisse parfois pas vraiment le choix. Et même si ce n'est pas le premier point dont on se rend compte… Il le fait souvent avec humour.

SCREAM

20 JUILLET 2015 – BOISSY-SOUS-SAINT-YON (91)

Ciel lourd, gris et bas. Sept heures du matin. Hâte de m'éloigner. Le troisième orage tombé en trois jours a laissé une forte empreinte de chaleur et d'humidité.

Après l'effervescence du départ de Paris et de ses banlieues connues, s'ouvre un *no man's land* de terres oubliées. Où les codes urbains se diluent.

Linas, Leuville-sur-Orge, Brétigny-sur-Orge, Arpajon… Deux jours que j'arpente d'anorexiques villages, vidés de leurs boulangeries, de leurs épiceries. Mes provisions se réduisent comme peau de chagrin. Et mon moral, avec.

À Saclas, le patron du seul café rencontré en dix-sept kilomètres va lui aussi bientôt mettre la clé sous la porte.

« Autrefois, il y avait plus de huit cafés au village ! Les gens s'y retrouvaient tous les soirs ! Mais le travail dans les villes, les voitures et la télévision ont tué l'esprit des villages. »

À l'orée de cet autre monde, je rencontre mes premières forêts. Et mes premières peurs. Dans ces espaces vides de toute présence humaine, elles affluent, comme les nuées de moustiques au moment de l'allumage de l'éclairage public. Ces peurs qui font battre le cœur à mille à l'heure.

Parce que là, j'y suis. *Une femme seule au fond des bois.* À la merci de tous les *violeurs* et *tueurs* si abondamment décrits dans les journaux et faits divers.

Alors que j'inspire un grand bol de courage avant de pénétrer dans le sous-bois au petit matin, je m'arrête net. À quelques dizaines de mètres devant moi, se tient une étrange silhouette, avec une cape noire… et un masque de *Scream*. Le célèbre film d'horreur américain. Est-ce un échappé d'hôpital psychiatrique ? Un maître en rituels sataniques ? Un revenant d'une soirée déguisée, légèrement alcoolisé, qui s'est perdu sur le chemin du retour ? Le souffle court, les mains moites, je regarde autour de moi. Personne. Je suis seule. Seule dans ma campagne, avec lui qui m'attend. Pile dans le viseur de mon chemin.

Plus je le regarde, plus je le sens m'observer également. Se déplacer bizarrement. Comme s'il *semait des graines.* On dirait presque qu'il vole. Parfois même, j'ai l'impression qu'il disparaît au milieu de la forêt toute proche.

Affolée, je prends rapidement mes jambes à mon cou. Je tourne en rond pendant une heure trente avant de trouver une alternative pour passer sous la monstrueuse Nationale 20, impossible à traverser à pied. Rallongeant ma journée de six kilomètres. Ce qui, à l'échelle du marcheur, est considérable.

À présent, au moindre craquement de la forêt, je me retourne. Si bien que je me prends les pieds dans les racines et les sentiers, et que cela devient très compliqué d'avancer.

Mon mental traumatisé déroule ses pires scénarios. Et si je me perds ? Si un essaim de guêpes m'attaque, me pique à la gorge et que je fais un œdème de Quincke ? Qui me trouvera ? Si je croise un sanglier énorme, sauvage et affamé, que faire, ne sachant pas grimper aux arbres ? Si je me foule la cheville, au milieu de nulle part, comment continuer ? Et si je suis suivie par un *serial killer* faisant une fixette sur les rousses ? Et si ? Et si ? Et si ?

À ce moment-là, je ne vois pas encore la grandeur rassurante et la solidité des troncs, la délicate odeur mouillée de la mousse, les feuilles vertes, variées, nombreuses et généreuses des arbres environnant... tout ce qui, par la suite, m'apaisera. Je ne perçois que ma peur, gigantesque monstre aux contours indéfinis. Je me sens étrangère à la nature. À *ma* nature ?

Après ma rencontre matinale avec *Scream*, je passe une grande partie de ma journée à y réfléchir : qu'est-ce qu'un danger ?

Dans l'absolu, *rien* ne va me bondir dessus avec ces mots écrits sur un grand panneau : « Attention-Laura-je-suis-un-danger-va-te-cacher ». Le danger me semble plutôt être une perception, un signal, l'interprétation d'une situation.

Ainsi, la seule personne qui peut me mettre en danger, ou me maintenir en sécurité, est moi-même. Dans mon attitude, dans les choix que je fais face à l'imprévu. Panique ou sérénité ?

Comme un leitmotiv que je me répète pour me donner du courage dans ces zones désertes saturées de faits divers de jeunes femmes pour qui cela ne s'est pas toujours bien passé, je finis par conclure :

« Le danger advient si la peur advient. »

Et je décide que si quelque chose m'effraye, je m'enfuirai, ou j'irai le rencontrer. Surtout, j'éviterai les entre-deux angoissants et les scénarios tétanisants.

À mon arrivée le soir au minuscule camping municipal de la forêt locale, mes deux uniques voisins me dévisagent de loin, sans un signe de la main. Mon estomac se noue. J'imagine le pire. À la nuit tombée, sans défense dans ma tente, au milieu de ce camping non surveillé... que va-t-il se passer ?

Tapie au fond de ma tente, le cœur battant la chamade, je me résous donc à aller frapper à la porte du camping-car. Éprouver le réel face aux projections. Si le signal au fond de mon ventre se confirme, je décampe sur le champ. Même si je n'ai pas la moindre idée d'où je pourrais bien aller.

« Vous auriez des petites feuilles à rouler, s'il vous plaît ? »

Le jeune homme qui se tient à la porte du camping-car marque un petit temps d'arrêt à ma question, semblant dérouté. De près, il fait plus jeune.

« Je ne fume pas, mais attendez de voir mon ami. »

En fait, il est plutôt avenant. Il a même une tête rassurante. On échange trois mots sur la météo et nos vacances. Puis son ami arrive.

Je retourne à ma tente avec quelques feuilles à rouler. Soulagée. Je me sens protégée d'avoir établi le contact avec eux. Je viens de comprendre que le courage n'est pas de ne pas avoir peur, mais d'avancer avec sa peur. Elle devient alors présence, énergie à utiliser, et non plus sensation paralysante.

Environ une semaine après, je fais étape chez une amie. Elle ne se tord pas de rire lorsque je lui raconte, avec le plus grand sérieux, ce à quoi j'ai sûrement échappé le matin de ma rencontre fortuite avec *Scream*. Non. Elle *s'écroule* de rire. Puis, reprenant son souffle, entre deux hoquets et quelques larmes, elle m'explique la tradition locale de ce coin d'Île-de-France, à cette période de l'année. L'élection du meilleur épouvantail.

BARBE-BLEUE

21 JUILLET 2015 – MONNERVILLE (91)

Je sens comme un air de montagne dans ces villages vallonnés aux confins de l'Île-de-France. Je commence, une fois mes premières frayeurs passées, à prendre confiance, à baisser la garde. Mon leitmotiv en tête, j'avance, sereine. *Le danger advient si la peur advient.*

Naïve.

Car pour véritablement venir à bout de Barbe-Bleue, encore faut-il le rencontrer…

Alors que je déjeune à l'orée d'un petit bois au fin fond de l'Essonne, un homme d'une quarantaine d'années au volant d'une voiture de sport se gare au bord de la route et vient à ma rencontre. Il porte d'épaisses lunettes de soleil noires devant les yeux.

Tadaaa. N'importe qui aurait compris que le décor était planté. Sauf Bibi, tout occupée à étaler ses éternelles rillettes thon-tomate sur ses éternelles galettes de maïs bio.

« Je vous ai vue le long de la route, tout à l'heure. Vous allez où comme ça ? »

Il me confie à quel point mon aventure le fait rêver. Il me parle de sa vie étriquée de chef d'entreprise, axée sur les affaires et l'argent, qui a perdu son sens.

Lui derrière ses lunettes, moi le regardant mais n'y voyant jamais que mon reflet. Quelque chose en moi se serre. Imperturbable, mon bonhomme continue son discours.

« Heureusement, il y a encore des lieux authentiques. Vous avez entendu parler de ce petit café, où les artistes du coin viennent se retrouver ? On peut y aller, c'est à dix minutes d'ici ! »

Légèrement intriguée, je commence à décliner mollement. À vrai dire, j'hésite. C'est plus loin mais hors du chemin. Une tentation de s'écarter. Mais pour *cette fois* seulement… Juste cette fois ?

« Vous me ramenez exactement à cet endroit ? »

Face à sa réponse affirmative, je cède. Après tout, c'est une rencontre bien sympathique, et boire un verre par cette chaleur, c'est presque un cadeau du ciel !

Une fois montée dans la voiture de sport climatisée aux vitres teintées, je me sens rapidement mal à l'aise. Ses lunettes de soleil enlevées, son regard me dérange. J'ai l'impression qu'il me toise. De près. Trop près. Et la vitesse. Depuis six jours que je marche, je ne suis plus habituée. Lui aussi semble nerveux. Il me demande si j'ai un compagnon. Comme toujours sur le chemin, j'opine du chef.

À l'arrivée au café, point d'artistes travaillant à leur prose, mais une jeune femme aux traits fatigués essuyant quelques verres. Au fond de la salle, un homme avec une petite barbe remarque mon arrivée et la salue d'un mouvement de tête amical. Il a un air de pirate, avec un œil légèrement plus petit que l'autre et quelques dents manquantes.

Je commande une limonade et me mets à cogiter. Le voyant « peur » s'est allumé. J'envisage les éventualités pour me tirer de ce mauvais pas.

La route que nous avons empruntée pour venir jusqu'à cet endroit est rectiligne, très fréquentée, quasiment sans bas-côtés. Donc assez dangereuse à retraverser à pied. Sans compter que rajouter une dizaine de kilomètres à ma journée est plutôt périlleux.

La peur monte plus fort encore dans mon ventre. Je me sens vulnérable, sans aucun repère ni allié, dans ce lieu inconnu en dehors du chemin. Je respire et me souviens de mon leitmotiv.

Le danger advient si la peur advient.

Séparer peur et danger permet de conserver un espace de lucidité. Même si je ne connais pas la suite, la première étape m'apparaît alors très clairement : sortir mes affaires de sa voiture. Mon bonhomme semble le voir d'un autre œil.

« Vous ne vous sentez pas bien ici ? Vous préférez que l'on aille plus loin ? Ailleurs ? »

Mes pensées se mettent à défiler environ deux fois plus vite. Habituée aux questions que l'on me pose dans les villages, et d'une nature plutôt spontanée, je lui ai détaillé une heure plus tôt et sans méfiance les étapes de mes prochains jours. Fière d'être si bien organisée.

Naïve.

Je me demande quelle carte je vais bien pouvoir jouer. Maintenant que je les ai toutes données au loup. Et qu'il semble connaître le coin comme sa poche.

D'un regard bref, je sonde l'intérieur du bar. Je croise le regard de l'homme à la barbe qui m'a saluée quand je suis rentrée.

C'est alors qu'une idée me traverse l'esprit.

« Je pense que je vais rester dans ce bar pour l'après-midi. J'ai besoin d'écrire.

– Ah, vous écrivez ? »

Ses yeux se font ronds comme des soucoupes. Il a un tel besoin de nouveauté. D'exotisme. Je pensais à mon journal de bord. Sentant toutefois la brèche, et n'ayant plus grand-chose à perdre, j'improvise rapidement une vie parallèle d'écrivaine inspirée. À cette époque, j'étais loin de me douter que j'en ferai mon métier.

Intérieurement, je suis hilare. Ébahie qu'une ruse si énorme puisse fonctionner. Tandis que je sors mon sac et mon bâton de sa voiture, la confiance me regagne. Je le tiens.

Mais à peine sommes-nous de retour dans le bar que la patronne me regarde d'un air surpris.

« Ah, mais vous faites le chemin de Saint-Jacques ? Deux pèlerins sont arrivés tout à l'heure ! Justement, regardez ! »

Au moment où elle prononce ces mots, une porte s'ouvre derrière elle. Deux têtes blondes de mon âge. D'un trait, d'un seul, mon acolyte finit sa bière, règle l'addition puis... disparaît.

Ébahie de ce retournement soudain de situation, presque déçue de ne pas pouvoir terminer mon improvisation « J.K. Rowling à Compostelle », je rencontre pourtant, émue, mes premiers pèlerins. Depuis six jours que j'ai quitté Paris, je n'avais encore croisé personne sur la voie de Tours.

On commande une bière pour fêter ça. On trinque au chemin, à notre rencontre fortuite.

John et Mary sont américains. Ils vivent en France depuis cinq ans. Ils sont partis de Notre-Dame de Paris, au kilomètre zéro, il y a cinq jours et se donnent trois mois pour arriver à Saint-Jacques.

Ce chemin, c'est une idée de Mary, qui avait pour projet initial de s'y lancer en solitaire. John embraye avec son joli accent anglais :

« Je ne voulais pas qu'elle parte seule, elle allait se faire tuer ! »

Sans pousser le bouchon aussi loin, j'imagine avec une pointe d'ironie ce à quoi je viens peut-être d'échapper.

John me demande ce que je fais comme métier.

Je suis étonnée de la question. Les nombreux récits de pèlerins, lus avant mon départ, stipulaient bien que sur le chemin, une seule et même identité sociale vaut pour tout le monde : pèlerin. Le reste, le passé, appartient à une autre vie. Cette voie de Tours n'est décidément pas comme les autres.

Je réponds brièvement sur le milieu culturel. Mais alors, très brièvement. Je ne m'étends pas sur le fait que je passe, depuis de nombreuses années, un temps infini à essayer de trouver « ce pour quoi » je suis faite. Enchaînant les formations en théâtre, puis clown, marionnette, cirque, production, diffusion, administration de compagnies... Toujours plus rapide, toujours plus vite, dans un affolement grandissant avec les années qui défilent, happée par un « Y suis-je ? », « Ai-je enfin trouvé ma voie ? ». Sans même profiter de ce temps d'exploration, mue par cette urgence à « trouver ».

Alors que la conversation se termine doucement et que je songe à me remettre en chemin sans trop savoir comment m'y prendre, un bruit de clés attire mon attention.

« J'ai entendu que vous étiez de passage. Ça vous dirait de visiter notre patrimoine local ? »

Devant nous, se tient l'homme à la barbe, celui du fond du café, celui qui a salué mon arrivée. Un énorme trousseau à la main. Enchantés de cette proposition, pour ma part soulagée de remettre à plus tard mon *léger* problème de kilométrages hors chemin, nous terminons nos bières d'un trait et grimpons dans sa camionnette.

« Vous allez voir, c'est juste à côté ! »

Je lui demande le nom du village.

« Monnerville, pourquoi ? Vous connaissez ? »

Je reste bouche bée. Cet homme va me ramener au petit bois de mon déjeuner. À l'endroit précis où l'homme s'était garé. Mais maintenant, je peux y retourner. Je ne suis plus la jeune et naïve épouse de Barbe-Bleue. Le chemin vient de m'apprendre la première technique enseignée en self-défense. Analyse de l'environnement. Vigilance. Ruse.

Mais au fond, sans mon *serial-lover* de PDG déprimé, je n'aurais pas rencontré mes premiers pèlerins. Alors, chance ou malchance, qui sait ?

Cette rencontre avec Barbe-Bleue m'a interpellée pendant plusieurs jours. Je me suis demandé si tout cela n'était pas de simples projections de ma part, ce qui serait tout à fait possible. Quand bien même ses intentions auraient été réelles, je me suis interrogée sur ce qui avait pu l'amener à se comporter ainsi. J'ai senti ce que pouvait être un « masculin blessé ». Trop de pression, trop de responsabilités, pas assez d'espace pour pleurer. Ne pas oser pleurer. Être coupé de ses sensations. De ses émotions profondes. Trop travailler. Trop diriger. Être prisonnier de cette vision erronée de ce qu'est « un homme », un être qui a perdu sa part sensible. Sa part féminine. Car nous sommes tous tramés de ce mélange de genres.

Sur les chemins qui ont émaillé mes années, j'ai rencontré certains de ces masculins blessés qui m'ont fait le cadeau de se livrer. Les histoires qui suivent sont en leur hommage. Parfois, l'inconscient collectif, les faits divers ont fait vibrer le danger dans l'air de nos échanges. Les moments où je me suis engagée sur le territoire de l'autre, où je suis rentrée dans sa maison, par exemple. Peut-être ces moments, précisément, où certains de ces hommes ont été déroutés de trouver alors non pas une jeune femme timorée qu'il aurait été facile de mettre en danger, mais une âme droite dans ses bottes dont ils finiraient par avoir envie de prendre soin. Cela ne veut pas dire qu'intérieurement, je n'ai pas tremblé. Mais souvent, j'ai davantage été émue.

ROMAIN

22 JUILLET 2015 – PUSSAY (91)

« Mais assieds-toi donc, prends un verre avec nous, tu as tellement marché ! Tu es sur le chemin de Saint-Jacques, n'est-ce pas ? »

Tandis que je m'installe, surprise et honorée de cet accueil curieux à l'orée de ce minuscule village de l'Essonne, il me dit son enthousiasme, son admiration pour ceux qui « font le chemin ».

Bientôt, alors que mon jus d'ananas bien frais est encore loin d'être terminé, il commande une tournée pour toute la tablée. Profitant de l'occasion pour reprendre une pression sous le regard réprobateur d'une jeune femme brune, assise à côté. Légèrement en retrait.

Il sort une cigarette de son paquet. La coince entre son index et son majeur, et la regarde longuement. Puis il attrape le petit briquet jaune posé juste à côté.

« J'fais trop de conneries, j'le sais. J'bois trop, j'fume trop. Je manque de perdre ma nana tous les deux jours à cause de ça. »

Sous sa gouaille enjouée, une sensibilité à fleur de peau. Un cœur qui reçoit le monde si fort qu'il ne sait qu'en faire. Après m'avoir posé nombre de questions sur le chemin, il me glisse cinq euros, disant « vouloir m'aider ». Il recopie ensuite son adresse et son numéro de téléphone dans mon carnet de bord.

« Appelle, pour donner des nouvelles. »

Quelques jours plus tard, arrivant à la cathédrale d'Orléans, je déposerai les cinq euros dans l'espace dédié. Et allumerai un cierge pour *son* chemin.

SÉB'

25 JUILLET 2015 – SARAN (45)

Ce jour-là, à l'approche d'Orléans, toute fébrile de retrouver la ville et ses facilités après plusieurs jours de rase campagne, je m'arrête au premier café que je croise. Deux hommes en terrasse semblent en tenir le siège. À l'affût du moindre mouvement de vie. Je m'installe à une table à côté.

Après quelques blagues vaseuses et autres demandes en mariage, on entre dans le vif du sujet. Sébastien, dit Séb', sort de prison. Un moment délicat, dont il parle à demi-mot, les yeux humides, dans le vague, osant à peine croiser mon regard.

« Quand j'étais petit, je voulais devenir maître d'école. Mais un jour, mon instit' m'a dit que j'étais un bon à rien. Alors, j'ai commencé à sécher l'école. Et j'ai fait un max de *conneries.* »

On reste longtemps à échanger sur ce quotidien insupportable qu'il a vécu en centre de détention, souvent tabou, souvent méconnu. Par dignité, ceux qui y sont passés ne préfèrent pas en parler.

La planche de salut de Séb', c'est Emmaüs. L'abbé Pierre comme terre d'accueil, à sa sortie.

« De toute façon, si ma femme me fout dehors, j'y retourne ! »

Avant que je reparte, il embrasse mon bâton. Me demande s'il peut graver ses initiales dessus. Comme une déclinaison de lui-même, une part qui s'éloigne, qui m'accompagne, et annonce un possible renouvellement.

En le regardant s'affairer, je distingue nettement cinq points noirs tatoués, entre le pouce et l'index de sa main droite. Quatre points comme quatre murs. Le cinquième pour celui qui est à l'intérieur.

L'ami de Séb' paye mon café. Je suis touchée. Le lendemain, il pleut. Je décide de m'arrêter pour une journée.

THIERRY

18 JUILLET 2016 – BRIOUX-SUR-BOUTONNE (79) (Poitiers – Bordeaux)

C'est un matin, tôt. Ce gros bourg dans lequel j'arrive bientôt me met dans un état de joie sans limites. Après deux jours en rase campagne, je vais enfin pouvoir m'installer à une terrasse et *prendre un café.*

La projection, hélas, est de courte durée. Arrivée devant ledit café, une pancarte. « Fermé ».

Dépitée, je demande aux personnes que je croise si un autre café se trouve dans le village. Sans grand espoir. Pour finir par entendre ces paroles qui me font l'effet d'un tendre réconfort.

« Attendez cinq minutes, que je revienne du marché, et je vous le paye à la maison, votre café ! »

J'examine de plus près mon bonhomme. Une cinquantaine d'années, une bedaine bien affirmée. Il s'appelle Thierry. Il est gentil, Thierry, mais quelque chose me met mal à l'aise. Il m'inspire confiance... sans m'inspirer confiance. Peut-être sa façon de me regarder des pieds à la tête. À ses côtés, un petit gars tout sec, bien plus âgé qui, lui, n'en a pas grand-chose à faire, de la façon dont je suis habillée. Aride comme une branche d'arbre qui aurait continué à pousser sans se rendre compte qu'elle n'était plus accrochée.

« Oui, mais *un café*… ! » me susurre la petite voix dans ma tête.

Remettant à plus tard les *vade-retro-satané-café*, je note l'adresse. Dix minutes plus tard, Thierry m'ouvre la porte. Mon cœur bondit lorsque je vois la cafetière, au bout d'une paillasse en bois brut. Son ami Jean-Jacques est là, dans le fond de la pièce. Un petit chat me fait la fête. Il me rassure, le chat. Il ne m'attaque pas, il veut juste de l'attention. Je décide qu'il en est ainsi pour son maître, et me détends. Tel chat, tel maître.

Comme à mon habitude lorsque j'ai un doute sur les intentions de la personne en face, je prends les rênes de la situation en menant la conversation. Polie, souriante. Ferme.

La cafetière, alias mon paradis sur terre, est toujours pleine, au bout de la paillasse. Bizarrement, Thierry ne m'en propose pas. Je laisse la situation se dérouler à son rythme, tout en jetant un œil autour de moi. L'intérieur d'une maison révèle tellement de choses. Ici, c'est propre, mais vieillot. Fait de bric-à-brac. De neuf et d'ancien. Étonnamment propre, au vu de mon Thierry. La décoration, coquette, laisse présager une présence féminine.

Au fond de la pièce, Jean-Jacques, toujours discret, descend sa bière posée à côté de lui. Dans son vieux tee-shirt rouge, pantacourt en microfibre, bon marché, troué. Sa main gauche tremble. Il est bien amoché par la vie. Le visage bouffi. Mais au fond des yeux, une lueur de vraie gentillesse.

Il s'allume une cigarette. Sans ouvrir les fenêtres ni m'en proposer, Thierry suit le mouvement. Bientôt, je suis cernée par deux locomotives. En toile de fond, la télé qui braille des clips de chansons. *Et toujours pas de café à l'horizon.*

Consciente de ce que ma présence a d'exceptionnel dans ce minuscule village où il ne passe peut-être pas grand monde, je commence à compter les minutes, jetant de fréquents coups d'œil à la cafetière tant désirée. Mais Thierry ne suit pas mon regard jusque-là. Dépitée, je me sens renoncer. *Adieu, café, nous étions pourtant si près de nous rencontrer...*

Midi sonne à la grande horloge qui trône au milieu du salon. Feignant d'être abasourdie de ne pas avoir vu le temps passer, j'attrape vivement mon sac, et leur annonce mon congé. J'ai encore tant de kilomètres à marcher !

Cette annonce est comme un électrochoc pour mon Thierry qui, enfin, se dirige vers la paillasse. Met le café au micro-ondes. Longtemps. Trop longtemps. Ça déborde. Éclaboussant toute la vitre.

Peut-être animé par l'effet volcanique du café, Jean Jacques se met à parler. Il a soixante-deux ans. Il a commencé à travailler dans le bâtiment à douze ans. Il est à la retraite maintenant.

Thierry embraye. Lui, s'ennuie dans la vie. Il est mécanicien. Sur son temps libre, il bricole. On l'appelle souvent pour des « coups de main dans les maisons ». Fier, il me montre la liste de ses clients, accrochée au mur.

« L'été dernier, je me suis fait trois mille euros chez des particuliers ! Mon ex-femme s'en mord les doigts. Je te fais visiter, le temps que ça refroidisse ? »

Ne sachant plus si la situation est à rire ou à pleurer, je suis mon hôte, embarquant le petit chat dans mes bras.

La maison est sur deux étages. Grande, lumineuse et aérée. La finesse de la décoration, le choix des couleurs contrastent franchement avec l'impression plutôt bourrue que Thierry dégage. Dans sa chambre, un grand portrait de femme.

Tout au long de la visite, Thierry ne me pose pas de questions. Il tourne en boucle sur lui-même. Une voix intérieure me traverse : « Il n'a pas conscience qu'il est aimé. Par l'autre. Par ses amis. Par l'univers ».

Je me dis à quel point le pèlerin est une surface de projection. Il sort de nulle part, il va loin, on ne le reverra jamais. Comme si Thierry ne voulait pas savoir qui j'étais, comme si côtoyer simplement ma présence lui suffisait, lui accordait un supplément d'espace, de liberté.

L'heure tourne, je descends mon café d'un trait et lève le camp. Tandis que je pose mon gros sac sur mes épaules, Thierry me dit qu'il aimerait « faire davantage pour moi ». M'inviter à déjeuner, par exemple. Sur le seuil de la porte entrouverte, il me dit encore...

« Tu repasses bientôt par ici ? Quand tu veux, d'accord ? »

Je le salue d'un signe de la main et commence à m'éloigner. Sa voix se fait plus forte.

« Je ne t'ai pas demandé, tu aimes quoi dans la vie ? Le théâtre ? Ah, j'aime bien, aussi, le théâtre ! »

Son ami le rejoint. Ils me regardent partir. Je me dis que j'ai de la chance de pouvoir entrer aussi rapidement dans la vie des gens. De gagner leur confiance. Car après tout, eux non plus ne me connaissent pas. Je pourrais être armée, folle à lier. Je me dis aussi que j'ai eu de la chance qu'il ne me soit rien arrivé. Levant les yeux au ciel, je remercie. Que ne ferait-on pas pour un café ?

LA BATTERIE NOMADE

17 JUIN 2018 – HONFLEUR (14)
(Paris – Honfleur)

Nous sommes alors en 2018, je me rapproche de Honfleur après une petite dizaine de jours de marche depuis Paris. Avant de lever le camp ce matin-là, je mets ma batterie externe à recharger dans les sanitaires du camping. Puis retourne à ma tente.

Mais lorsque je reviens chercher ma batterie… plus rien.

Deux jeunes femmes sont en train de se maquiller.

Une voix intérieure me dit « Pleure et fais-en des caisses ». J'obéis.

Immédiatement, les deux jeunes femmes essayent de me rassurer. Peut-être quelqu'un l'a-t-il ramenée à l'accueil ?

Mais l'accueil est fermé. Je pose quelques questions aux personnes alentour. Et repars à ma tente, démunie.

C'est alors que j'aperçois un homme d'une soixantaine d'années, discutant près de mon emplacement. Tandis que je m'avance en reniflant, il me dit :

« Vous cherchez une batterie qui charge, peut-être ? »

C'est l'habitant d'un des nombreux mobile homes du camping. À l'entrée.

« Il y a tant de vols, vous savez, je l'ai mise à recharger chez moi. Vous la voulez de suite ? »

À voir la tête de la jeune femme de l'accueil lorsque je lui raconte l'histoire, plus tard, j'en déduis que l'acte n'était initialement peut-être pas si bienveillant. Le fait de pleurer a sûrement attendri mon bonhomme. Lui a permis de *switcher* discrètement d'intention.

Je lui ai laissé la possibilité de le faire. Je n'ai pas dit qu'elle avait été volée, lorsque j'ai fait le tour des tentes en pleurant. Car en réalité, je n'en savais rien. Si tel était le cas, je lui ai laissé l'espace de transformer l'intention de son acte. Et il l'a fait. Car l'autre est un miroir. Il se comportera souvent de la manière que je projette inconsciemment. Si je crois en lui là où lui-même a parfois démissionné, il se surprendra. Et les choses changeront.

RÉMI

28 JUIN 2019 – VERNEUIL-SUR-AVRE ET D'ITON (27)
(Paris – L'Aigle – en direction du mont Saint-Michel)

« Je vous ai vue, j'ai su que j'allais vous parler. »

À peine plus âgé que moi. Brun. Un gros chien joue à ses côtés. À l'entour de ce petit lac de Normandie où je viens d'installer ma tente pour la nuit. Je marche en direction du mont Saint-Michel, depuis Paris. Alors que je demande à ce jeune homme s'il a un briquet pour allumer ma cigarette, il m'explique qu'il a arrêté de fumer. Et illico, commence à raconter. Son enfance à la ferme. La pauvreté. L'alcool. La violence des rêves inaboutis.

« Mes enfants ont eu des livres, fait les études qu'ils voulaient. Je leur ai donné tout ce dont j'ai manqué. Je suis fier d'eux. »

Rémi sort avec difficulté d'une grosse dépression. Il a également arrêté de boire depuis six mois. Est au chômage. Il va passer un entretien d'embauche le lendemain. Dans un abattoir. Un abattoir. Comme une bombe qui me traverse, je sais qu'il faut lui dire.

« Non, Rémi, n'y va pas. Choisis la vie. Choisis la vie. »

Je lui offre ma sincérité. La vulnérabilité de ma pensée. Qu'est-ce que je risque ? Je ne le reverrai jamais.

Pourtant… Deux jours plus tard, je fais étape dans une abbaye. Alors que je remplis ma bouteille d'eau à la source qui passe là, une voix masculine me fait sursauter.

« Je n'ai pas été à l'entretien, Laura. »

TERRITOIRES

Quel que soit la période ou l'âge auquel on le prend, partir sur le chemin, c'est comme lire *Le Petit Prince*. On y trouve des éléments différents selon les moments. D'autres niveaux de lecture, de compréhension.

L'avantage du chemin, c'est qu'il est toujours sur mesure, cent pour cent adapté à notre état d'esprit du présent et à nos besoins. Pour certaines marches, je partirai complètement à l'aventure avec ma tente, déterminant le soir même l'endroit de mon bivouac, laissant l'espace ouvert aux rencontres et aux nuits chez l'habitant.

À d'autres périodes, je serai plus fragilisée. Pour rester en sécurité sans bouder mon plaisir de partir, je prévoirai mon trajet, et réserverai toutes mes nuits à l'hôtel, au camping ou dans des chambres d'hôtes. Si mon budget est serré, j'appellerai les paroisses des villages traversés en me présentant simplement, indiquant le jour où je ferai étape chez eux et demandant s'il est possible d'y être logée.

Tout à la fois propre à chacun et dénominateur commun de l'humanité, la marche est cet espace où je prends conscience de ce qui me relie à l'autre. Au-delà de toute question de religion, de race ou de communauté d'appartenance. J'habite le monde par mes pas. Je suis de tous les peuples, de toutes les contrées. De tous les combats, et surtout, de toutes les paix.

La marche ouvre une forme d'intimité avec le territoire.

Apprivoiser une ville ou un village, fouler son territoire, en saisir les articulations internes par celles de mes pieds, de mon corps entier. Capter depuis mon intérieur ses dynamiques, celles de ses habitants, de ses murs, de ses natures, les mettre en résonance directe avec les miennes. Mes soleils et mes pluies.

À travers de minuscules chemins anciens reliant les villages, je me sens souvent poreuse. Je découvre l'envers du décor. Les coulisses. Les siècles conjugués dans la terre des chemins poussiéreux, et les yeux ronds et parfois méfiants des locaux lorsqu'ils me voient débarquer de nulle part, les pieds souillés et les cheveux pleins d'épines.

En totale immersion, le pèlerin vit, voit, sent depuis l'intérieur. Saisit les détails qui font le sel des quotidiens et l'authenticité des histoires. La marche ouvre une forme d'intimité avec le territoire. Elle permet de se relier plus facilement au cœur des choses, et des gens. C'est ce qui nous différencie des touristes. Le touriste prend des photos et partage, au retour, ses images. Le pèlerin enregistre le lieu dans chacune de ses cellules et peut en témoigner comme s'il y avait habité. Car il y *a* habité. Il y a passé une nuit, une sieste, une pause au soleil. Il y a passé, simplement, des instants.

Ni une proie, ni un danger : pour sa sécurité, le pèlerin doit savoir s'intégrer aux écosystèmes qu'il traverse, qu'il s'agisse d'humains ou de natures profondes.

CHEZ NOUS

4 AOÛT 2015 - ANTRAN (86)
(Paris - Poitiers)

« Ils sont plutôt bruyants et comme ils ont beaucoup de chiens, on les a mis exprès au fond du camping avec leurs caravanes. »

Me voyant gratifiée du même traitement que les nomades dont elle me parle, alors qu'il y a visiblement de la place un peu partout dans le camping, je me demande à quoi correspond mon « exprès » à moi.

Cette jeune femme qui m'accueille est plutôt froide. J'ai le souvenir au téléphone d'une voix d'homme sympathique, qui m'avait justement proposé un prêt de tente étant donné que je venais de renvoyer la mienne par la Poste pour m'alléger…

« Oui, c'est mon copain », me précise-t-elle aussitôt, le visage fermé.

Je pars m'installer au milieu des caravanes, et constater l'étendue de mon incident diplomatique. Le terrain est légèrement pentu, au bord d'un cours d'eau stagnant infesté de moustiques. Pour demain, je recopierai cent fois : « Je ne ferai plus de copinage avec les maris des patronnes de camping… »

Lorsque je m'approche des caravanes, les chiens grognent, tirant au bout de leur laisse. Massifs, costauds. En alerte. Je ne peux pas m'installer *juste comme ça*.

Ce soir, même si le terrain de camping est municipal, je sais que je suis « chez eux ». Un peu à court d'idées, je fais le pari de jouer la carte de la relation humaine, et décide d'aller me présenter.

C'est le plus ancien du campement qui me reçoit. Un vieux monsieur, la peau burinée, assis sur une chaise de jardin bon marché. Il me demande d'où je viens, où je vais. Tandis que je dévoile quelques bribes de mon pèlerinage, je vois ses petits yeux alertes sonder mon regard, la façon dont mes mains bougent quand je parle, l'écho de mes mots. D'autres membres de la communauté s'approchent, intrigués.

Peu à peu, je sens l'atmosphère s'apaiser. Il y a même quelques rires. L'homme d'une quarantaine d'années qui m'a conduite près de l'ancien à mon arrivée, me lance :

« Bonne installation, et n'ayez pas peur pour cette nuit, s'il y a des voleurs, les chiens aboieront ! »

Je ne saurais dire s'il prononce cette phrase comme un pied de nez aux préjugés, mais intérieurement, elle me fait beaucoup rire.

SARCELLES

16 FÉVRIER 2017 – SARCELLES (95)
(Paris – Creil)

À voir la tête de mes colocataires lorsque je leur annonce « Destination Creil », je comprends que je ne vais pas m'ennuyer. En ce jeudi 16 février 2017, je me mets donc en route vers cette petite ville de trente-six mille habitants, située à une soixantaine de kilomètres au nord de Paris, dans le département de l'Oise. Fidèle à mon obsessionnelle et incongrue règle de continuité du territoire, je n'évite rien. Aucune banlieue, aucune cité, aucune forêt. Et bien sûr, aucune galère.

D'abord Aubervilliers. J'enchaîne ensuite sur La Courneuve et son grand parc dans lequel je m'accorde une pause goûter-barre-de-céréales. Puis Saint-Denis et ses bâtiments bétonnés jusqu'au ciel, souvenir de mes années d'université. Enfin Stains se présente, avec ses petits immeubles ouvriers en briques rouges.

Sur mon chemin, les hommes sont tour à tour dragueurs, suspicieux, méfiants. Je me maîtrise pour ne rien projeter et rester dans une forme de neutralité. Derrière chaque regard méfiant ou moqueur, il y a une peur. Si je parviens à ne pas juger cette peur qui habite l'autre, la connexion s'établit et le sourire qui prolonge ce regard vaut toutes les révélations.

Les femmes, pour beaucoup, l'air intrigué et amusé, me regardent arriver de loin avec mon gros sac et mes chaussures de randonnée.

La traversée des cités de Sarcelles est plutôt éprouvante. Partout, c'est vétuste, ça tombe en ruine. Des bicoques en bordure de ville, des taudis, des bidonvilles, retapés de scotch et de parpaings, des carreaux cassés, des fissures recollées à la va-vite... Comme s'il manquait quelque chose pour vraiment réparer, qu'il était seulement possible de *rafistoler*. Même les pots de fleurs du centre-ville sont défraîchis et ont déjà fait dix fois leur vie.

Lorsque je rentre dans la première cité, un certain silence se fait parmi les jeunes en bas de l'immeuble qui borde mon chemin. Messes basses et regards fuyants. Odeurs d'herbe fumée. Malgré quelques tentatives, je ne parviens pas à établir le premier contact de sympathie qui me protège dans la plupart des circonstances.

Lorsqu'un jeune crache sur mon passage, ce sont les mots conseils d'un ancien pèlerin, qui me reviennent.

« Ne regarde jamais un chien agressif dans les yeux. Tu l'exciterais davantage. »

Je baisse les yeux et maintiens cap et allure régulière. M'éloignant silencieusement à pas modérés. J'entends chaque battement de mon cœur. Malgré la peur qui tente d'affleurer en grandes lampées, je reste étonnamment calme. Je sais qu'au moindre faux pas, tout peut exploser. Je garde les yeux baissés. Les yeux baissés en signe de paix.

Parfois, l'inconnu est trop grand pour être concevable. Là où l'imaginaire bloque, la raison démissionne. Alors, je me tiens droite et me faufile. *Respirez les gars, l'instant d'après, vous m'aurez oubliée.*

APPRIVOISER LE DÉSERT

17 AOÛT 2017 – HOSTENS (33)
(Bordeaux – Pau)

Dès les premières lueurs du jour, j'avance dans les Landes à pas feutrés. Il est sept heures du matin, le 17 août 2017. Cet alignement de « sept », mon chiffre fétiche, et aussi celui de mon chemin de vie en numérologie, me fait sourire. Le désert « modéré » que j'ai parcouru la veille laisse maintenant place aux Landes. Aux grandes Landes. Aux « Hautes Landes », ainsi que ma carte IGN le mentionne. Et sans mauvais jeu de mots avec mon nom de famille, elles ne me paraissent guère, de prime abord, très familières.

Des pins immenses émane un silence austère, un quelque chose de sombre qui remonte de la terre. Selon la lumière, les paysages varient en un instant du sublime au glauquissime.

Aucun être humain à l'horizon.

Les chemins que j'emprunte sont des sortes de pistes rectilignes de sable fin, tassé, auxquelles se succèdent les mêmes pistes, couvertes de graviers blancs. Puis le sable fin reprend, puis les graviers. Réverbération intense. Chemins monotones déshumanisés au milieu de fougères touffues. Par endroit, la forêt est totalement défrichée. Les pins abîmés. J'identifie bientôt des traces de sanglier sur les bas-côtés, par la terre meuble retournée. Je ne croise personne de la journée.

Autour de moi, un étrange et fascinant silence recouvre le paysage. Une brume fumante accompagne mes mouvements, tandis qu'un épais tapis d'aiguilles amortit chaque pas.

Bien que légèrement anxieuse, j'apprivoise un peu les immenses pins centenaires qui me cernent à longueur de journée. Je finis par décider de passer avec eux un *green pact*. Puisqu'on va se côtoyer plusieurs jours d'affilée, autant poser d'entrée de jeu un accord de sympathie.

« Je suis là pour quelques jours, je ne fais que passer, OK ? Je m'engage à ne rien abîmer de vos magnifiques étendues, à ramasser tous mes déchets. En échange de quoi je vous demande de me protéger de tout et à tout moment, et ce, même si ma peur vous semble tout à fait stupide, irrationnelle et injustifiée. »

Depuis, leur présence à l'odeur Canard-WC se fait plus rassurante. J'ai même parfois l'impression qu'ils m'encouragent, comme les supporters au bord des routes pendant le Tour de France. À d'autres moments, je vois en eux les innombrables témoins de cette quête que je mène vers moi-même. J'y vois mes ancêtres, les ancêtres de mes ancêtres, mes ancêtres génétiques, spirituels. Végétaux et minéraux me regardent, immobiles et recueillis, dérouler simplement le mouvement de ma vie.

L'ART DE LA NÉGOCIATION

26 SEPTEMBRE 2021 – CHAMARANDE (91)
(Paris – Angerville)

Souvent sur les chemins, nous sommes amenés à négocier. La plupart du temps, ce verbe, tel une poupée russe, en contient un second bien plus important : rassurer.

Une négociation se fait rarement de front. Et rarement d'entrée de jeu, non plus. Elle demande souplesse, observation, confiance en soi et en l'autre. Le premier point d'une négociation réussie est un dialogue simple, ouvert et désintéressé. Qui n'a rien à voir avec ledit sujet. C'est un échange au cours duquel chacun s'analyse (la plupart du temps, inconsciemment) et jauge le degré de confiance qu'il peut investir dans l'autre. Lorsqu'un lien affectif, même minime, est créé, lorsque cet espace d'alchimie, même infime, commence à exister, alors seulement, la demande peut arriver. Une négociation est une co-création. Elle implique un « oui » mutuel. C'est une manifestation tangible d'un lien de qualité. L'objet est toujours secondaire.

En cette fin de journée du mois de septembre 2021, je cherche un endroit pour bivouaquer dans l'Essonne, au sud de Paris. Bien qu'il soit judicieux de suivre les conseils d'experts, la sécurité est toujours une affaire personnelle. Aussi, contrairement à la plupart des recommandations au sujet du bivouac, ma préférence n'est pas d'aller me planquer au fond des forêts une fois la nuit tombée. Ma tactique, c'est, dès mon arrivée dans les villages, d'entamer le dialogue avec les habitants locaux. Parce que je sais que, d'une certaine façon, je suis chez eux.

À la lisière d'un bourg de taille moyenne, je trouve un champ qui ferait parfaitement l'affaire. Au loin, je vois les lampadaires. De la lumière, un de mes critères.

En face dudit champ, un homme dans un jardin, en train de tailler une haie.

« Va lui parler », me souffle mon intuition.

La cinquantaine, le corps musclé et élancé, habitué aux travaux d'extérieur. En habit de travail. Après quelques formalités classiques de pèlerinage (d'où-es-tu-partie-jusqu'où-vas-tu-comment-vont-tes-pieds), je lui demande s'il sait à qui appartient ce champ.

« Plusieurs propriétaires ! »

Il est au courant, il est employé communal. Bingo. Il me désigne alors un carré d'herbe derrière le cimetière, qui, lui, est municipal. Je décline en souriant. Non, le cimetière, vraiment, sans façon. Je lui demande si des pèlerins sont déjà venus dans le village et où ils ont dormi.

« Ah, il y a bien le pré communal, vous voulez voir ? »

Quelques minutes plus tard, un coq nous passe devant.

« C'est pour votre dîner ! » me taquine-t-il.

Quand je lui dis que je suis végétarienne, il me désigne le poirier. On éclate de rire. J'aime bien le personnage. Il m'indique alors « le meilleur coin », selon lui. Je découvre un carré d'herbe fraîchement coupée, à l'abri des regards derrière un saule pleureur bien caché, légèrement à l'écart du petit terrain de football.

« Et vous aurez accès à l'eau ! », me dit-il en désignant les robinets de l'école juste à côté.

Bivouac trois-étoiles.

« Je peux faire quelque chose pour vous ? Vous voulez boire un thé, un café ? »

Une heure plus tard, je rejoins Pascal, l'employé communal, et sa femme, Marilyne, qui m'invitent à partager leur dîner chez eux. Et m'endors au pied du saule pleureur, sous un ciel d'automne piqué d'étoiles. La négociation est un art qui cultive les mêmes mouvements intérieurs que celui de la rencontre. Ils sont cousins.

J'AI LE DROIT D'ÊTRE LÀ

25 JUILLET 2015 - SARAN (45)
(Paris - Poitiers)

Ce jour-là, après plusieurs jours à traverser les déserts dorés de la Beauce, la forêt se dessine au loin. Comme un mirage.

Paradoxalement, plus je marche loin de chez moi, plus je me rapproche de moi. Ma maison change à chaque instant. Je ne m'accroche plus à une construction extérieure pour définir mon « chez moi » : je suis chez moi en permanence. Je trouve ma boussole intérieure, je suis capable de faire mes choix sans avis ni influence. Je prends refuge en moi-même. Lorsque je reviens et regarde les rues de mon quartier, quelque chose a changé. Je sais jusqu'où ces artères peuvent mener. Moi qui ai longtemps peiné à construire un projet, je prends conscience, à chaque retour, de l'endroit jusqu'où je suis capable d'aller.

Il y a le confort des sentiers balisés. Là où le mental peut se reposer, la vigilance baisser d'un cran. Inconsciemment, on sait que d'autres y sont passés, l'ont préparé. Nos pas se glissent dans ceux de nos prédécesseurs, nous reliant à eux, ce qui apporte une forme de sécurité.

Mais au cours de mes premières années d'exploration, le chemin m'invite à rejoindre toujours plus de destinations qui n'ont de sens qu'à mes yeux et donc à sortir du balisage et à tracer mon propre itinéraire. Les journées s'enchaînent où les chances sont minces que quelqu'un ait déjà marché là avant moi.

Alors, au milieu des nationales et des autoroutes, je me mets à chercher les ponts, les passerelles et les souterrains. J'apprends à lire autrement le paysage. À l'échelle de l'être humain. Au milieu de ce monde super rapide et super connecté, je cherche les endroits où je peux me faufiler. Parfois, c'est long. Mais je finis toujours par passer. L'être humain finit toujours par passer.

Au loin, la forêt se dessine. Après plusieurs jours à traverser les déserts dorés de la Beauce, c'est comme un mirage.

Bientôt l'odeur de sous-bois, de champignons et d'humidité s'intensifie. Mon souffle s'aligne sur la cadence de mes pas. Régulier. J'arrête de compter les kilomètres. C'est une grosse journée.

Au loin, le brouhaha des poids lourds lancés à plein régime sur la grosse route départementale signalée en jaune sur la carte IGN. Les klaxons meurent en longue plainte. Je vais devoir la longer. Jusque tard la veille, j'ai étudié la carte. De toutes les options, c'est la moins dangereuse pour passer à pied.

La boule au ventre, mais excitée, malgré l'étroitesse des bas-côtés, je me lance.

« S'il te plaît, vois que je suis là, et prends soin de moi. »

Gilet jaune enfilé, j'adresse intérieurement une petite prière à chaque véhicule que je croise. Au vu du nombre, elle devient rapidement mantra. Seuls mon attention et ma concentration garantissent ma sécurité. Un instant de distraction peut être fatal.

Malgré la vitesse des véhicules qui me dépassent, je tente de cultiver l'intime conviction que moi, piétonne, j'ai le droit d'être là. Je partage la route, mes pieds sont un moyen de transport comme un autre. C'est cette conscience qui me protège. Cette posture intérieure.

Je remercie chaque voiture du petit écart qu'elle fait pour me préserver.

Si j'ai le moindre doute, je tends mon bras au bord de la route, puis monte et descends mon bâton de marche en faisant de grands mouvements de ralentissement. La technique, bien qu'improvisée sur le coup, s'avère d'une efficacité redoutable. J'y aurai recours à chaque fois que l'occasion se présentera.

Personne n'a envie de se prendre un bâton dans le pare-brise.

DES CHEVEUX DANS LES ARBRES

13 JUIN 2018 – BOISSEY-LE-CHÂTEL (27)
(Paris – Honfleur)

Un soir de camping parmi d'autres sur la route de Honfleur en 2018, un jeune homme fait sa vaisselle. Il me semble très jeune, dix-neuf ans tout au plus. En bruit de fond, une voisine de l'autre côté du camping hurle sur ses enfants. En revenant de ma lessive, je décide d'engager la conversation avec lui.

« Ça ne vous fait pas trop mal aux oreilles, cette voisine qui crie ?

– Oh vous savez, on est toute la journée dans l'bruit, nous. On travaille sur l'chantier d'à côté. »

C'est donc ça, ces hommes musclés aux bassines pleines de vaisselle que je vois défiler depuis mon arrivée.

« Il est à moi, l'beau tracteur devant l'camping. Enfin, à mon patron. Il a coûté quatre-vingt-dix mille euros ! Alors j'en prends soin. Et l'patron, il est sympa. »

Je tente une blague.

« Si le patron n'est pas sympa, vous cassez ?

– Non, t'sais, on n'casse même pas, parce qu'on aime le matériel. Quelqu'un qui aime les jeux vidéo, il va prendre soin d'sa console. Quelqu'un qui aime les livres, il va prendre soin d'sa bibliothèque. Avant, j'étais bûcheron. Pas longtemps, six mois. T'sais, ça leur fait du bien aux arbres, qu'on leur coupe des branches. J'ai des amis qui m'disent "C'est mal, tu tues les arbres". Mais l'arbre, il aime bien qu'on lui coupe certaines branches. C'est comme toi quand tu vas chez l'coiffeur. »

Il poursuit sur sa lancée.

« J'me plains pas, j'gagne bien ma vie. J'ai dix-neuf ans, j'suis à deux mille deux cents euros par mois. Pour payer l'crédit d'ma future voiture, c'est bien. Et j'ai envie d'lancer ma boîte, un jour. J'aime la chasse, la pêche, et la nature. »

Il commence à rincer sa vaisselle, le bac plein de mousse.

« Mon père, il a un bois de trois cent cinquante hectares. C'est moi qui entretiens les arbres. On y chasse souvent. Tout ce que j'chasse, j'le partage. J'en donne aux copains, aux copines, à leur famille, à ma famille… Vu l'prix du sanglier au supermarché, mieux vaut partager, crois-moi. Et puis, y'en a qu'aiment pas chasser mais qu'aiment bien en manger. »

Dernière tasse.

« Moi quand j'chasse, c'est un plaisir. J'ai des copains qui me disent "Tu tues les animaux, c'est mal". Mais c'est un plaisir, de s'mettre dans la peau de l'animal, ressentir ce qu'il ressent. C'est un face-à-face. Tu deviens l'animal. Y'en a, ils ont des grosses armes et ils veulent faire des tas d'animaux morts. J'espère que j'chasserai jamais comme ça. »

Il retourne son bac dans l'évier, le rince, et range sa vaisselle propre dedans.

« Et vous, z'êtes en vacances ? Ah, z'allez à Honfleur à pied ? Depuis Paris ? Oh ça va, z'avez été plutôt rapide. Il vous reste quoi, deux-trois jours de marche ? »

CLAUDE

26 OCTOBRE 2019 – LE BUT (61)
(L'Aigle – Argentan – en direction du mont Saint-Michel)

Dans nos sociétés modernes occidentales, éloignées pour beaucoup des rythmes de la Terre-mère, la notion de territoire est bien souvent devenue inconsciente. Nous pensons que nos appartements, nos maisons, nos jardins, nos champs, constituent nos « chez-nous ». Mais en y regardant de plus près, nos « chez-nous » sont souvent bien plus grands, bien plus vastes. Qu'il arrive quelque chose au bout de notre rue : ne nous sentirons-nous pas concernés ? Qu'une personne soit perdue dans notre village, n'aurons-nous pas envie de l'aider ? Que les bois derrière notre maison soient rasés, nos gorges se serreront. Que notre ville soit touchée par un attentat, nous irons marcher dans les rues, etc.

Ces grands « bonjour ! » souriants que je lançais signaient d'entrée de jeu un pacte de paix.

Nos territoires sont multiples. Leur mémoire se réactive au contact de certaines terres ou personnes, nos souvenirs émaillent nos lieux de vie d'une couleur unique. Notre premier baiser, accroché au banc de l'école publique. D'amicales retrouvailles adolescentes sur un coin de la place du marché. Un message d'amour lu à l'orée de la forêt.

Si le pèlerin traverse moult territoires en ne faisant que passer, sa présence demande de montrer patte blanche. Plus d'une fois, j'ai eu la sensation que ces grands « bonjour ! » souriants que je lançais sur les routes ou à l'entrée des villages, signaient d'entrée de jeu un pacte de paix.

Il en va de même pour les forêts. Cet espace sacré, poumon de la Terre, est un écosystème autonome, complexe et bien organisé. Cerfs, chevreuils, oiseaux, sangliers se partagent le territoire d'une façon différente de la nôtre, la plupart du temps et selon les espèces, en se l'appropriant.

C'est *leur* forêt.

Ils détectent nos odeurs d'humains, de promeneurs. Lorsque nous sommes stressés, anxieux, nous dégageons une odeur plutôt acide, amère, que les animaux peuvent percevoir comme un danger. Lorsque nous sommes en harmonie et en paix, c'est une odeur sucrée et douce qui se manifeste. Soignez vos pensées lorsque vous traversez une forêt. Vous vous sentirez enveloppés et aimés.

Nous parlons là des contacts avec les animaux. Allons faire un tour chez les humains dans cette période particulière où il s'agit de s'intégrer habilement, tout en se protégeant : la chasse.

Lorsque vous traversez une forêt en période de chasse, le premier point essentiel se résume en deux mots : *se manifester*. Que vous soyez végétarien, vegan ou sans gluten, mettez pour quelques heures vos opinions de côté et allez rencontrer les chasseurs. Parlez-leur. Signalez-vous. Saluez-les abondamment lorsque vous les croisez au bord des routes, engagez la conversation à leur pause déjeuner. Les chasseurs communiquent entre eux. Ils se relaieront l'information de votre présence.

Car pour eux, c'est *leur* forêt.

Le second point essentiel est de prendre quelques minutes pour écouter les bruits avant de pénétrer dans un sous-bois ou un bois. Les chasseurs modernes sont (malheureusement) équipés d'armes plutôt sophistiquées dont les détonations évoquent de véritables *machines de guerre*. Vous les entendrez de loin. Très loin. Au moindre doute, changez de route.

Mais si toutefois, aucune autre route n'est possible, que votre doute sur la présence de chasseurs au sein de ce gros bosquet est plutôt relatif, que vous ne vous sentez pas morphologiquement concerné pour être confondu avec un sanglier-roi-de-la-forêt, que les panneaux « Chasse gardée », « Chasse ouverte », « Interdiction de pénétrer », « Tirs de balle », ne vous effraient pas... voici ma recette magique.

Enfilez votre plus beau gilet jaune. Allumez votre lampe frontale en mode clignotant. Sifflotez le répertoire de votre artiste préféré tout en gardant votre sifflet, le vrai, à portée de main. Conservez tout de même un volume assez bas dans votre offrande vocale à la Terre, pour éviter de déranger les animaux qui vivent là. Mais pensez également aux goûts des chasseurs planqués, surtout si ce ne sont pas les mêmes que les vôtres : de temps en temps, changez de disque afin que le plomb dans les fesses ne vous arrive pas... pour de mauvaises raisons.

Un jour de 2019, j'ai découvert en marchant vers le mont Saint-Michel que ce sentier était balisé. De jolies pastilles rondes, blanc et bleu avec le Mont dessiné. J'ai également découvert que certaines pastilles... manquaient.

Mais c'est grâce à elles, ou plutôt grâce à leur absence, que j'ai rencontré Claude.

Alors que je tourne en rond depuis plus d'une heure, que j'ai arrêté plusieurs voitures incapables de me renseigner, que mon GPS ne capte pas le moindre réseau, je finis par m'aventurer dans l'unique maison du coin... dont la porte, de plus, est entrouverte. Une maison de chasseur. Timidement, je m'approche.

« Entrez ! Mais entrez, je sais que c'est vous ! »

Un vieux monsieur est à table, son tupperware de lasagnes à la bolognaise fumant, posé sur un torchon plié en deux. Une baguette de pain fraîchement achetée. Coupée net au couteau.

« Comment vous savez que c'est moi ?

– Forcément, vous alliez à contresens ! Je viens de vous doubler en voiture. Le mont Saint-Michel, c'est de l'autre côté ! »

Je soupire et réprime un éclat de rire. Depuis une heure que je tourne en rond. La situation est tellement ubuesque.

« Asseyez-vous. Vous voulez un verre d'eau, un café ? Prenez une pomme. Bon, je mange tant que c'est chaud, je vous fais le plan après. »

Autour de moi, des dizaines de chaises à l'envers sur des tables. Une grande salle. Accrochées au mur, plusieurs paires d'yeux écoutent impassiblement notre conversation.

« Demain, il y aura quarante chasseurs ici ! Il faut revenir demain ! »

Je jette un œil au grand cerf au-dessus de notre table. Tu vas courir vite mon chou.

« Ah lui, c'est un vingt-quatre cors ! C'est le plus gros qu'on ait jamais attrapé dans la région ! »

Intarissable, il m'explique ce qui différencie les têtes autour de nous, selon le nombre de bois qu'elles portent. On termine par le sanglier.

Mon bonhomme est un monsieur d'un âge avancé. Claude. Vif, alerte, un regard un peu sévère et de la bienveillance au fond. La végétarienne que je suis demeure perplexe. Les bêtes mortes, accrochées au mur, comme des trophées. Et pourtant, je sens chez cet homme un certain respect. Comme s'il les aimait. Dans un sens, sa manière de faire est noble. Plus intègre que nos assiettes avec œillères en provenance d'abattoirs où les animaux sont tués dans d'atroces conditions. Plus entière que nous qui faisons « comme si » on ne savait pas.

Toute à mes pensées, je reprends la route. Au regret de mon hôte éphémère, qui me propose le gîte pour le soir. À mon départ, Claude sort sur le perron, et me regarde m'éloigner. Longtemps. Pour s'assurer que je sois sur le bon chemin.

LAISSER INFUSER LES FORÊTS

27 OCTOBRE 2019 – ARGENTAN (61)
(L'Aigle – Argentan - en direction du mont Saint-Michel)

La nuit tombe sur Argentan, petite ville de Normandie. Dans ce bar sans couleurs derrière la gare, la musique est forte. Instable. Techno. Pop. C'est Fun radio. Autour de moi, les tables sont pleines d'habitués. Des hommes, surtout. Ils me regardent avec curiosité. Peut-être en ai-je croisés sur ma route. Dans leurs voitures.

Je souris du changement d'horizon. C'est soudain. Deux heures plus tôt, j'étais en forêt profonde. Profonde, comme s'il y avait parfois besoin d'aller loin, loin des humains, là où il n'y a plus personne sinon soi-même, pour se rendre compte de l'immensité de son intériorité. En rapporter une conscience pour les actes, les pensées, les paroles du quotidien. Laisser infuser les forêts.

La nuit tombe sur Argentan. La nuit tombe et avec elle, je reviens au monde du quotidien.

La gérante du bar monte le son. Ça plaît. Les têtes dodelinent en rythme. Ça parle foot, ça parle *Mac Do*. Ça râle. Ça parle des gens qui ne sont pas là. Ça demande le prix du jus de fruit avant d'en reprendre un. Ça soupire. Ça rit, aussi. Ça sort fumer des cigarettes. Ça parle arabe et je ne comprends pas.

« Tu veux venir ? »

Caméléon des chemins, je me suis fondue dans le paysage. Intégrée. C'est un premier pas. Car c'est là que tout arrive. Toutes les rencontres, tous les possibles. Au cœur du quotidien. Là où les vies sont des épreuves parfois délicates à traverser. Laisser infuser les forêts.

AUX SAISONS
DU
CHEMIN

Le temps est une variable, la rotation du soleil inéluctable. La nature, elle, glisse plus lentement dans ses transformations. Imperceptibles. Ce sont ces deux dynamiques qui encadrent le marcheur. Les saisons sont à l'image des grandes transformations de l'être, tandis que la météo quotidienne, plus changeante, traduit davantage nos humeurs et nos états d'âme. Notre intérieur humain est projeté à l'échelle de la nature.

La météo est en dialogue permanent avec l'arpenteur de terres. Les marches d'automne et de printemps sont tempérées, surprenantes, changeantes. Ce sont les marches des recoins de l'être. Les marches d'été et d'hiver sont plus tranchées, franches.

Le soleil, comme la pluie ou le froid trop intense, mobilise l'acte de survie. Souvent, les marches d'hiver sont fatigantes. Lutter contre le froid ne ressource pas. Je rentre usée, avec le besoin de me dorloter. Ce sont pourtant des marches essentielles, face à l'ossature de la nature. Je me confronte à moi-même face à ce que je ne peux ou ne veux pas voir lorsque les feuilles d'été recouvrent mes épaisseurs.

Faire une pause en hiver ? Trouver alors un endroit au chaud et abrité. Au printemps ? Cela dépend du temps. L'été ?

Vite, vite, un coin ombragé. Les pauses d'automne sont en général mouillées. Je cherche un banc, ou déplie ma cape de pluie au sol. Selon la saison, mon refuge change. C'est justement au cours d'une marche d'automne, que cette notion de refuge m'est apparue clairement.

MOSAÏQUE D'AUTOMNE

25 OCTOBRE 2019 – L'AIGLE (61)
(L'Aigle – Argentan - en direction du mont Saint-Michel)

Entrer dans l'automne, quand les couleurs se rendent à la terre. La nature déroule ses mosaïques comme autant de monochromes pour revenir à soi. Trouver le refuge où passer les profondeurs de l'hiver.

Ce matin-là de 2019, à L'Aigle, en Normandie, tandis que je reprends le chemin en direction du mont Saint-Michel, il pleut. Une pluie douce qui « picore » les joues et rafraîchit l'esprit.

« Ce week-end, on remet les pendules à l'heure ! »

Mon sac à dos et son sursac vert tortue, mes bâtons de marche tout en bois, il m'a sûrement vue arriver de loin. Lui est devant la poste. Cheveux gris et longs, mouillés. Gros nez. Épaisse moustache qui s'agite quand il parle. On dirait qu'il sort d'une bande dessinée.

Les forêts se lavent de leur été.

« Les pendules, à l'heure ! »

Il se lance dans une démonstration. Parfois, il bégaye. Souvent, il sent l'alcool. Il est neuf heures du matin. Il a besoin de douceur, cet homme.

On se sourit longtemps en s'éloignant.

Une phrase de Nietzsche me vient à l'esprit : « Il faut beaucoup de chaos en soi pour accoucher d'une étoile qui danse. » Étoile du matin, pèlerin.

La journée est de bois, d'écorces, de fougères, de champignons de tailles variées. Métamorphose des matières qui se rendent à la terre. Les forêts se lavent de leur été. Elles sont toutes rincées.

Les sentiers boueux, dévastés. La boue est une conversation instable avec la terre. Pour le marcheur, c'est un défi à part entière. Il s'agit de trouver le juste équilibre : ni trop, ni trop peu. Trop de volontarisme face à la boue, c'est fichu, on s'enfonce. Pas assez d'intention, le pas glisse, et met tout l'être en danger. La boue enseigne le juste milieu.

Le soir, dans la salle municipale du minuscule village où je fais étape, araignées, punaises des bois et feuilles mortes. Quelques moustiques. Le bruit d'un animal qui court sur le toit. Pas de matelas. Pas de rideaux. Des tables, des chaises, des bancs.

Dans cet espace aux grandes baies vitrées sans aucun rideau et qui ne ferme pas à clé, où trouver refuge ? La salle immense, glacée, a une acoustique magnifique. Dépasser la peur, dépasser l'ennui, dépasser l'inconfort et les bruits qui se mettent à rôder, une fois la nuit tombée. Choisir d'habiter cet espace. Chanter, danser, sans savoir qui voit, sans savoir qui sait ce que je fais là. Construire mon refuge. Accueillir mon étoile qui danse, dans le chaos de l'incertain et de l'automne qui vient.

LA BEAUCE

23 JUILLET 2015 – TOURY (28)
(Paris – Poitiers)

L'été aime montrer. C'est un temps d'opulence, de générosité. Le pèlerin s'y lève à l'aube d'un astre rougeoyant dont l'apogée marque souvent le point d'arrêt de la journée. Le soleil d'été peut aussi bien mordre, brûler, appeler à la transgression de nos plus intimes peurs.

Mon premier été sur le chemin, je l'ai pleinement expérimenté en 2015 lors de ma traversée de la Beauce, alors que je marchais en direction de Bordeaux.

Ce matin-là, je me réveille d'un bond du canapé de mon amie Valérie, chez qui je viens de passer la nuit. J'ai raté le réveil. Jusqu'à tard, nous sommes restées à échanger. À fumer d'innombrables cigarettes, à trinquer un « dernier » verre de rosé. Je range mes affaires en moins de dix minutes et pars presque au pas de course. Le policier municipal que j'ai eu au téléphone quelques jours plus tôt s'est montré formel : il y a dix emplacements au camping de Toury, et aucune possibilité de réserver.

« Arrivez avant seize heures, c'est plus prudent ! »

La journée s'annonce ardue. Brûlante. Une succession de petites routes sinueuses, entre trois et cinq kilomètres chacune, reliant des villages déserts. Pas d'arbre. Pas de cours d'eau. Juste des champs de blé. Dorés, à perte de vue, qui grattent le nez et piquent les yeux. De temps en temps, une éolienne accroche gracieusement le ciel avec ses grandes hélices.

Je suis arrivée dans la Beauce. Ce désert français dont un de mes colocataires m'a tant parlé. La description est conforme. Je me sens comme tombée dans un fossé brûlant.

Car j'attaque mon premier grand défi avec le très sérieux handicap du « lendemain-de-soirée-arrosée ». Dans la vie réelle, c'est déjà une histoire. Sur le chemin, c'en est une tout autre.

Pas de litres d'eau réparateurs, car je dois me rationner, les villages étant parfois distants de plusieurs kilomètres. Pas de délicieux repas pour reprendre des forces. Impensable, l'indispensable sieste que je m'accorde habituellement.

Les heures défilent sous mes pas, la bouche sèche malgré une hydratation quasi continue en minuscules gorgées et un foulard sur la tête, mouillé. Je marche. Je marche. Je marche. Pas un coin d'ombre pour m'arrêter. Même les villages sont faits de routes passantes exposées au plein soleil.

Je dois arriver avant seize heures.

Sur la route, le goudron colle à mon bâton, que j'extraie dans de petits bruits de succion. Il fait plus de trente-cinq degrés. Des mots tournent en boucle dans ma tête brûlante.

« C'est un désert. »

« Une étuve. »

« Renonce, arrête-toi ! »

« Demande l'hospitalité dans un village, explique que c'est intenable. »

Je les chasse d'un geste de la main, et continue à avancer.

Je dois arriver avant seize heures.

Cette étape est d'autant plus cruciale que j'ai fait envoyer dans ce village les cartes IGN oubliées pour la suite de mon trajet. Tendue, je me demande si la mairie les a bien reçues. Si je vais arriver à temps. Sans quoi la suite de mon parcours va se révéler légèrement plus compliquée.

Plus la journée défile, plus la chaleur m'abrutit. Une migraine tenace s'installe. Je crains l'insolation.

Quand je n'y tiens plus, je m'allonge le long de vieilles roues de tracteur abandonnées sur le bas-côté, pour profiter des précieux centimètres d'ombre qu'elles dégagent. Quelques-unes des mouches imaginaires qui flottent devant mes yeux s'éloignent alors.

Je dois arriver avant seize heures.

Riant de moi-même, je me surprends à remercier le ciel lorsqu'apparaissent de rares panneaux routiers derrière lesquels je me réfugie, haletante, glanant la minuscule parcelle d'ombre produite par une limitation à 70 km/h.

Dans un des villages traversés, je déniche un grand-père derrière sa fenêtre qui accepte de m'ouvrir le robinet de son jardin afin que je remplisse ma bouteille d'eau. Au bout d'un quart d'heure, elle est devenue brûlante. Pour aider à passer, je m'imagine que c'est du thé nature. Hum. Quelle chance !

In extremis, j'arrive au camping pour m'installer… sur le dernier emplacement libre.

Je m'écroule dans ma tente. Le sang battant dans les tempes. Fort, bruyant. Incessant. J'ai l'impression d'avoir couru un marathon.

Cette étape est l'une des plus importantes de mon premier pèlerinage : je viens non seulement de survivre à sept heures de marche sous la canicule dans la Beauce un lendemain de soirée arrosée, mais aussi… de changer de département !

Oui. J'ai quitté l'Île-de-France. Je suis passée dans l'Eure-et-Loir. J'avance. J'y arrive. C'est difficile, je ne suis ni sportive, ni entraînée, mais j'en suis capable.

Euphorique, je compte le nombre de kilomètres depuis mon départ de Paris sept jours plus tôt. Presque cent trente. Mes yeux se ferment sur cette première victoire. Et se rouvrent une demi-heure plus tard, lorsque le policier municipal m'apporte… les cartes IGN oubliées à Paris.

L'HEURE BLEUE

26 OCTOBRE 2016 – ÉPERNON (78)
(Paris – Chartres)

À la sortie d'un petit bois à proximité de Rambouillet, en 2016, lors de ma première marche d'automne, au moment où la nuit commence à me cueillir et mon courage à être ardemment sollicité, une clairière sublime apparaît. Prise de court par cet inattendu, je m'arrête, et contemple, appuyée sur mes deux bâtons, le soleil en train de se coucher progressivement derrière les bosquets. Le ciel zébré des passages d'avions arbore de somptueux dégradés rose orangé. L'odeur fraîche des nuits d'automne, après la tiède chaleur de la journée, ravit mes sens.

Une clairière sur le chemin, à la suite d'une dense journée de forêt, c'est comme une arborescence de pensées confuses et entrechoquées, qui soudain s'éclaire. C'est la signature de la lumière, la fin d'une traversée d'ombres.

J'apprécie le silence de mon corps immobile, au milieu de cette échappée, de ce creux de forêt. Mon esprit se pose. Je rends grâce au champ de m'accueillir. Le présent s'offre à moi dans une telle intensité que je coupe court à mes monologues intérieurs, ceux qui, à mon insu, tournent certainement en boucle depuis de longues heures, voire jours, semaines, mois, années. Le point culminant de toutes mes expériences se déroule maintenant, sous mes yeux, dans le simple appel d'air d'une clairière.

En arrivant chez Lou, j'ai compris ce que ce moment de grâce annonçait.

Cette petite dame d'une soixantaine d'années affiche de prime abord un visage plutôt sévère. Mais lorsqu'elle rit, tout s'illumine. Elle dégage alors une présence intense, douce et aimante. Des yeux qui voient tout mais n'en disent rien.

Je ne suis pas *n'importe où.*

Lou fait régulièrement des grandes randonnées à l'étranger. Son dernier périple ? Dix jours dans le désert marocain, avec les nomades. Oui, Madame.

Pendant qu'elle me raconte tout cela, nous buvons un thé orange-cannelle accompagné de petits sablés bretons dans son salon, dans la bénédiction de l'heure bleue. Cette heure de la journée a toujours été mon énigme, ma fascination intime. Rien n'y est défini, rien ne semble joué d'avance. La bascule finit par se faire, mais l'on ne peut savoir à quel moment elle interviendra. Dans les villes, un à un, les carrés des fenêtres de vie s'illuminent... ou pas, témoignant d'une présence, ou d'une absence. Parfois, pourtant, même au plus profond de ce qui semble une absence, une présence se tient, tapie dans l'ombre d'un travail assidu, qui ne voit pas la lumière décliner, tout absorbée par la tâche à mener.

Cette heure reflète les possibles. Lorsque advient la lueur des premières étoiles, accrue par celle des lampadaires des villes, ce rituel quotidien de l'heure bleue transitoire se clôture. C'est tranché, décidé. La nuit est tombée, et elle sera la même pour tous. Tant d'interprétations de la lumière se faufilaient pourtant dans l'heure bleue...

Cette heure reflète les possibles.

C'est depuis la saveur délicate et inimitable de ce thé parfumé devant les grandes baies vitrées du salon de Lou que je rapporte de chaque marche, le plus souvent à mon insu, ce qui pourrait être qualifié de madeleine-de-Proust. Cette dernière prend parfois des formes surprenantes, qui me font sourire lorsque je comprends d'où sort ce soudain désir pour une lessive « le Chat » alors que je n'ai jamais acheté cette marque. Une brusque obsession pour le sirop de violette. Les souvenirs du chemin se manifestent à moi dans les odeurs et les saveurs. C'est une façon de me rappeler qu'il est toujours là, quelque part en moi. Dans la mémoire d'un moment partagé, dans l'émotion d'une scène vécue.

VOIR DANS LE NOIR

28 JANVIER 2021 – COMPIÈGNE (60)
(Paris – Compiègne)

L'hiver arrive ensuite. Une fois encore, la nature se démaquille. Elle se déshabille. Elle se dénude avec véracité. L'hiver est ce temps où elle révèle sa plus stricte intimité en cessant toute activité. C'est la saison des histoires au coin du feu. Des heures de tricot dans les odeurs de cheminée. Tout ce qui, de notre héritage, se tenait jusque-là bien dissimulé, se dévoile à l'automne pour demander à l'hiver de réexaminer. L'hiver est la structure. En cette saison où pourtant peu de pèlerins prennent la route, je suis, chaque année, rappelée.

Mes marches d'hiver sont souvent courtes. Des virgules, des ponctuations. De toutes petites respirations. L'hiver est une saison de veille. Trop marcher, ce serait abîmer le processus naturel.

L'hiver est aussi le temps de la nuit tombée.

Mois de janvier 2021, en chemin vers Compiègne. La forêt m'enveloppe. Je marche sur une étroite bande de béton. Rectiligne. Huit kilomètres, tout droit jusqu'à Compiègne, ligne d'arrivée.

La nuit tombe.

Bientôt, les premiers cris d'animaux nocturnes. Vols de chauves-souris défroissant leurs ailes. Craquements de la forêt. Je suis totalement immergée. Sans savoir pourquoi, je retarde l'allumage de la frontale. Cœur en tambour. Mon regard glisse sur les traits de la nature qui à cette heure, prend des allures de tableau. Il accroche en sursautant les mouvements de la forêt. Je tressaille au hibou qui me salue. J'ai de l'électricité dans mes pensées.

Je sens son souffle à mes côtés. Mon amoureux de ces contrées, de cette période de vie de 2021. Ethan m'accompagne sur ce chemin en m'aidant à agrandir ma zone de connaissance. D'expérience. Il est stable. Aligné. Presque hypnotisé. Je serre sa main. Plus près. À deux, c'est la relation qui chemine. C'est pour cette raison que je préfère partir seule, même après nombre d'années. Il n'y a qu'en marchant seule que je peux me trouver.

Me calant sur son rythme, je convoque la femme sauvage décrite dans les ouvrages de Clarissa Pinkola Estés, celle qui court avec les loups, qui porte la puissance sauvage et instinctive, les dons créateurs enfouis sous des parts sombres.

Il n'y a qu'en marchant seule que je peux me trouver.

Respirant plus amplement, j'ai l'impression de sentir monter les racines des arbres dans mes pieds. Mes yeux s'habituent à l'obscurité. Nos pas s'accordent tandis que nous frayons l'épais silence de la nuit bleutée. Soudain, d'étranges lumières se dessinent au loin.

« C'est une base militaire », me souffle-t-il.

Il connaît ce chemin. Il a du sens, pour lui.

« C'est drôle, m'a-t-il dit lors de notre premier échange. Ta prochaine destination de marche, c'est la ville dans laquelle j'ai grandi ! »

Peut-être était-ce pour cette raison que cette longue marche, initialement prévue à l'automne précédent, s'était trouvée décalée. Pour que la vie me laisse le temps de le rencontrer. Le chemin, de l'inviter. Sur l'étroite bande de béton, rectiligne, je serre sa main. Plus près. Après cinq ans de longues marches à pied, grâce à lui j'apprends que je sais voir dans l'obscurité. C'est le cadeau de cet amoureux.

Compiègne se dessine, au loin. Notre ligne d'arrivée.

BEAUX QUARTIERS DE PRINTEMPS

5 JUIN 2018 – PARIS (75)
(Paris – Honfleur)

À chaque départ sur le chemin, c'est toujours le même rituel. Involontaire, inconscient.

Que je commence à faire mon sac à dix-huit heures ou à vingt-trois heures trente, je ne le termine jamais avant trois ou quatre heures du matin.

Puis je profite de quelques heures à peine de sommeil avant le départ. À l'aube.

Comme si ces marches ne pouvaient se dérouler dans un état « ordinaire », qu'il y avait un flou nécessaire pour délimiter de nouveaux contours. Comme si traverser Paris et sa banlieue à pied requérait d'entrée de jeu un certain décalage.

Il pleut à verse, en ce printemps 2018. La nature entame ses éclosions de fleurs et de milliers de bourgeons. Arbres et terre se repeuplent progressivement. Tandis que j'avance tant bien que mal sous la pluie diluvienne, l'eau a déjà infiltré mes chaussures, trempé mes chaussettes. Elle chatouille mes avant-bras en glissant le long de mes manches. Une de ces pluies battantes qui n'offre aucune possibilité de résistance.

Devenir pluie. Le vent se lève et accentue la sensation humide des vêtements sur la peau. Les bords de route se gorgent d'eau et chaque voiture, en passant, orchestre sa chorégraphie d'éclaboussures sur mon sac, mon pantalon, mes chaussures. Ce matin-là, devenir pluie. Je regarde l'eau tomber avec insistance sur le bord de la route. Elle est douce, voluptueuse. Bienveillante. Elle se glisse aux endroits où les plantes ont besoin d'elle pour croître. C'est une alliée.

Je me dis que si je suis autant arrosée ce jour-là, c'est sûrement que, d'une certaine manière, j'ai encore besoin de grandir, moi aussi...

Dans les rues de ce Paris que je quitte, les corps sont paradoxalement lents, centrés, attentifs, et donnent l'impression d'une urgence. Celle d'échapper aux gouttes. De s'y exposer le moins possible.

Rue Lafayette, rue de Châteaudun, rue de Londres... Rue de Villiers, Porte de Champerret.

Au compas interne de mes traversées piétonnes, c'est la première fois que je quitte Paris par ce côté. Nord-ouest.

À l'entrée d'une petite rue du XVIIe arrondissement, alors que je me débats avec ma cape de pluie et n'en trouve plus l'entrée, j'entends une voix.

« Je peux vous aider ? »

Sortant tant bien que mal la tête de mon sac plastique géant, avec mes trois heures de sommeil me faisant l'effet d'être un lapin catapulté hors de son terrier, je découvre devant moi une très belle dame. La cinquantaine, de grandes lunettes carrées qui encadrent un visage dont rien ne dépasse. Coupe au carré impeccable, vêtements élégants.

« Tenez-moi mon parapluie. »

Elle sent bon, un parfum doux et rassurant. Avec un petit quelque chose de pimenté.

J'abrite ma fée-marraine des beaux quartiers, pendant qu'elle se démène dans les tourbillons orange plastiques et les velcros, en grommelant :

« Le camping et moi, c'est comme l'eau et le feu ! »

Vu mon état, j'en déduis que c'est plutôt elle, qui joue le feu. Et moi l'eau. Ça tombe bien, je vais à la mer.

CANICULE

21 JUIN 2019 – MARLY-LE-ROI (78)
(Paris – L'Aigle – en direction du mont Saint-Michel)

À l'abri d'un grand sapin du parc public de Marly-le-Roi, en région parisienne, j'étale avec ardeur ma crème solaire. Au vu des gouttes qui parsèment mes tempes, l'entreprise n'est pas une mince affaire. La météo n'a pas menti. À peine entamée, cette deuxième journée en direction de Dreux, été 2019, est déjà torride.

Je quitte mon banc pour aller mouiller mon turban de coton au robinet du parc et remplir ma bouteille. Légèrement tendue de m'embarquer dans cette entreprise. Ai-je pris un risque inconsidéré ?

« Et encore, ce n'est pas le pire ! me dit un jeune homme à un arrêt de bus un peu plus loin. Demain, il est prévu trente-cinq degrés à l'ombre et plus de quarante au soleil ! Et même chose pour samedi. »

Remerciant mon informel baromètre, je quitte péniblement Marly. L'asphalte et le bruit permanent des voitures m'étouffent. Lignes droites infinies. Quelques bonjours, quelques sourires. Et beaucoup, beaucoup de routes. Des routes goudronnées qui font mal aux pieds.

Au milieu de la journée, pause réglementaire caniculaire, je remarque de drôles de plaques et des dizaines de petits boutons rouges sur le bras gauche. Je note la présence d'énormes ampoules sur mes pieds, comme jamais. Mes genoux enflent. Pour couronner le tout, mon œil droit a triplé de volume.

Je mettrai deux jours à trouver une pharmacie pour m'entendre dire...

« Vous faites une sérieuse allergie au soleil ! »

À la fin de la journée, alors que je m'accroche à l'espoir d'être *presque* arrivée, je ne marche plus, je titube. Mes capacités cérébrales sont annihilées. Plusieurs trous noirs ponctuent ce trajet. Corps en pilotage automatique. C'est un des pièges dans lesquels on peut tomber quand on marche toute la journée : se retrouver enfermé dehors. Aucun refuge à l'horizon. Aucun coin d'ombre. Seule solution : avancer, et espérer. Un espace tempéré, un petit café.

Oppressée, je progresse quinze minutes d'affilée, et m'affale le long des grillages. À l'affût du peu d'ombre que procurent les bâtiments de l'interminable zone industrielle dans laquelle, ô espoir doux à mon cœur, se trouve mon hôtel.

Pour la première fois, je me demande si je vais arriver au bout de cette marche. Je me sens confuse, inexpérimentée. Est-ce la chaleur, qui prend toute la place de la pensée ?

« Demain, ils annoncent plus de trente-cinq degrés. Ne pars pas marcher s'il te plaît. Je te paye l'hôtel. »

Même lorsque vous avez trente-deux ans et quatorze longues marches derrière vous... Vous écoutez votre maman. J'installe donc mon campement pour deux jours dans le petit hôtel *low cost* dans lequel j'ai fini par arriver. Me délasser, lire, sortir faire quelques courses pour des repas de fruits frais... Un endroit où se sentir en sécurité pour la nuit, de quoi se nourrir. Cela pourrait paraître *rien*, dans le cadre du quotidien. Mais sur le chemin, c'est un moment exceptionnel.

UN CAFÉ, UN REPAS

Tout ce qui semble « aller de soi » au quotidien, fait événement sur le chemin. Les cafés sont des lieux de vie, de sociabilité. Des lieux où l'on prend le temps de s'asseoir, et de se raconter. L'espace est créé pour. L'agencement des tables, *conçu* pour. Lorsque je rentre dans un café, je prends quelques secondes pour respirer et sentir l'endroit où je serai le mieux. Peut-être que ces quelques instants de présence ont permis à ces rencontres d'avoir lieu.

GABIN

20 MAI 2017 - CHELLES (77)
(Paris - Reims)

Au milieu de nulle part au bord de la Marne. Fin d'après-midi. Après avoir marché presque toute une journée, dans les fils gris de la pluie. J'ai la sensation de me traîner, de ne

Tout ce qui semble « aller de soi » au quotidien, fait événement sur le chemin.

plus savoir comment marcher. De ne pas avancer. À l'image du ciel, tout est lourd, gris, rempli de soucis.

J'aperçois alors au loin, étonnée, un groupe électrogène. Dans un champ. M'approchant, je distingue, dépassant du toit d'un camion, deux panneaux solaires. J'imagine bientôt trouver un vieux routard posé là, heureux comme un dieu. C'est alors que je vois un *second* camion, qui ressemble même de près à un autobus. Une sorte de grande tente se dessine aussi au loin. *Deux* routards ?

Éberluée, j'approche encore, et encore, et découvre finalement une multitude de chaises, tables. Je suis arrivée devant une authentique guinguette de bord de Marne. Quelle surprise !

« On ouvre le bar à dix-sept heures. Mais vous pouvez vous installer. »

Un homme d'une soixantaine d'années m'accueille. La bouille toute ronde. Un air chaleureux. Avenant. Un regard doux et rêveur. D'un air tranquille, il repart balayer ses petites palettes colorées, devant les camions. Entre deux acariens et trois moutons, il m'observe.

Je pose mon sac sur une chaise puis enlève mon tee-shirt à manches longues qui a pris la pluie plus tôt dans la journée. L'étale sur la toile cirée à carreaux rouges pour le faire sécher. Puis enlève mes chaussures, et mes chaussettes. Je compte quatre nouvelles ampoules. Ce n'est pas terrible.

Je me roule une cigarette. L'homme au balai, certainement gagné par l'odeur d'une agréable pause, me rejoint pour s'en griller une.

Gabin habite dans le village d'à côté. Musicien passionné, voyageur invétéré, il a justement plus d'une randonnée à son actif. Et pas des plus banales.

« Il y a une dizaine d'années, j'ai accroché une remorque à mon vélo. Je m'arrêtais pour chanter dans les foires, les brocantes, sur les places de village… J'ai traversé toute la France, comme ça. »

Il a un air d'autrefois, Gabin. Une façon de parler et de se tenir comme les acteurs des films des années 1960. Il sait bien qu'il vit à l'orée de notre temps. Un résistant.

Le téléphone portable ? Une découverte récente, lors d'un grand voyage en solitaire, à pied, sur le Pacific Crest Trail, ce sentier mythique de quatre mille deux cent quarante kilomètres, allant de la frontière mexicaine à la frontière canadienne.

« Mon sac était trop lourd. Chaque matin, pendant les trois premiers kilomètres, je me disais « Je ne peux pas ». Mais il n'y a rien là-bas. Vingt-cinq kilos, c'est le poids de l'autosuffisance. »

Les premiers kilomètres du matin. Communs à tous les pèlerins. Ceux où l'on se sent revivre… ou mourir.

Je repars pour le dernier tronçon de cette longue journée. Toujours le plus difficile. Mais je suis ressourcée en humanité. L'histoire de Gabin m'a donné du courage pour continuer mon chemin.

Vingt-cinq kilos, c'est le poids de l'autosuffisance.

Sur les dernières centaines de mètres, au milieu du vieux pont de pierre qui conduit au camping de mon étape du soir, je m'arrête et regarde au loin. Un vent léger se lève sur la fin du jour, auréolée de teintes en roses variés. Il emmêle mes cheveux devant mes yeux.

D'un geste de la main, je les écarte. Ainsi suspendue au-dessus de la Marne, minuscule brindille aux branches battant le sol comme un ancestral tambour, je me dis qu'avec ces longues marches, je suis en train de préparer quelque chose. Que j'ignore encore. Et qui va me dépasser.

AU GRAND MÉCHANT LOUP

1ER AOÛT 2015 - VEIGNÉ (37)
(Paris - Poitiers)

Devant ma pizza saumon base crème au fumet délicat, je me sens comme une enfant face à un cadeau de Noël. Les yeux écarquillés. Osant à peine y toucher. Ça me semble tellement *sophistiqué*. L'adresse m'a été donnée dans la matinée, par le boulanger d'un petit village que je traversais, quelques kilomètres avant Tours. Je suis sur ma première marche en direction de Bordeaux. Première marche, premières fois. 2015, toujours.

« Vous passerez le bonjour au patron de ma part ! », m'avait-il lancé en me tendant ma chocolatine et mes bouteilles d'eau remplies. Le pèlerin. Troubadour des temps modernes.

« Qu'est-ce que je vous sers à boire ? »

On part sur du rosé. Comme captive des plaisirs de la civilisation, j'y succombe sans hésiter, heureuse de ce moment de fête inattendu. Autour de nous, des guirlandes guinguettes décorent la place du village. Au loin monte un air d'accordéon. La nuit est en train de tomber sur la pizzeria. Nos visages se dessinent en ombres chinoises sur la table.

Le grand gaillard, ouvert et chaleureux, en face de moi, c'est Guy. Nous partageons un appartement sobre, avec deux lits, tout équipé. Ma première *halte pèlerin*. Un style de halte qui existe de façon récurrente sur les chemins.

En arrivant vers dix-huit heures dans mon petit refuge, une pancarte dans l'entrée a attiré mon attention. Devant une boîte en métal. « Donativo ». *Donne ce que tu veux*. Une des traditions du chemin de Saint-Jacques.

Si les quatre principales artères des chemins de Saint-Jacques, pour la partie française, sont les voies de Tours, du Puy-en-Velay, de Vézelay, et d'Arles, ces sentiers relient aussi des petites villes moins connues. Renseignez-vous avant tout départ, vous serez étonné. N'hésitez pas à contacter les municipalités pour connaître les haltes jacquaires.

Loin d'en être à sa première randonnée, Guy a un goût prononcé pour les chemins escarpés et autres espaces reculés. Cette fois, il part pour deux semaines. Il habite à une poignée de kilomètres de là où nous nous trouvons.

Père de cinq enfants, il marche parfois avec certains d'entre eux. Il me raconte le *camino del Norte*, un des deux chemins espagnols qui mène à Saint-Jacques-de-Compostelle. Le plus « technique », selon lui. Il me raconte les gîtes complets, les étapes parfois doublées, les panneaux : « *Pèlerins, merci de lever vos bâtons.* »

« Il y a parfois plus de quatre cents pèlerins par jour en Espagne. Tu imagines le bruit des bâtons en métal sur le sol ! Ils deviennent fous dans les villages. »

Je m'empare de la bouteille d'huile piquante et dépose quelques gouttes sur ma part de pizza. Mon compagnon de tablée me ressert un verre de rosé. Je savoure la douceur de ce moment d'été. Partageant un dîner avec un parfait inconnu, riant comme si nous nous connaissions depuis toujours. Les barrières intérieures ? Le chemin les envoie valser. Les peurs de l'inconnu ? Le chemin les fait passer dans le familier. Le chemin est cet espace où le seul prérequis est de se laisser aller.

Le chemin est cet espace où le seul prérequis est de se laisser aller.

THÉÂTRE ITINÉRANT

28 JUIN 2022 – RENNES (35)
(Le mont Saint-Michel – Crac'h)

À l'approche d'une bourgade non loin de Rennes, alors que mes journées sont constituées de longues frayées solitaires dans de jaunes champs de fleurs, mon regard croise celui d'un homme, se tenant au milieu de sa cour pavée. Il a les cheveux bouclés, noirs, et me salue d'un hochement de tête sympathique.

C'est inopiné, après plusieurs jours de solitude extrême. Je lui décroche un sourire à ressusciter la plus morte des étoiles de la galaxie. Mais voilà qu'un gros rideau de pluie s'abat. Aussi rapidement que possible, je dégaine ma cape de pluie et l'enfile.

Tandis que j'examine le chemin sur ma carte-IGN-éponge, j'entends une voix masculine :

« Venez vous abriter ici ! »

Je sais que c'est lui. Heureuse, je fonce. Entrant dans sa cour, je distingue une caravane, puis deux, et de drôles de vélos… pour enfin voir une très grande pancarte où je lis « théâtre ».

Lui, dirige une compagnie de théâtre. Avec ses comédiens et comédiennes, ils jouent dans des écoles, des collèges, des cours de lycée… Leurs spectacles s'inspirent de thèmes d'actualité.

Intérieurement, je souris fort, et finis par lui dire que le théâtre est également un des domaines de ma vie professionnelle. Il rebondit d'une manière plus déconcertante encore :

« Et tu n'aurais pas besoin de travail ? On cherche quelqu'un, en ce moment. »

Si j'avais voulu quitter Paris, ç'aurait bien été un des plus cocasses entretiens d'embauche de ma vie.

La mère de mon hôte arrive quelques minutes plus tard au retour du marché, un panier débordant de légumes sous le bras. Tandis que blettes et fanes de carottes me saluent bien bas, elle m'invite à partager leur repas. Une belle tablée avec son petit-fils de dix ans, qui joue dans un de leurs spectacles, un grand cousin adolescent, qui vit dans le village d'à côté, et Feuille de chou, le chat. Ils me racontent les joies et les galères d'une vie d'artiste sur les routes, en famille.

Lorsque le garçon sort de table, son père lui dit :

« Tu n'oublies pas, à dix-huit heures, on répète ! »

Une heure plus tard, je les remercie, renfile ma cape de pluie et repars. Restant légèrement rêveuse devant la vie de cet enfant.

LA PHILOSOPHIE DU SAUMON

26 AOÛT 2017 – POMPS (64) (Bordeaux – Pau)

À la croisée des chemins, je salue mes camarades avec qui j'ai partagé le gîte la veille au soir, qui s'engagent sur la voie du Puy-en-Velay en direction de Saint-Jacques-de-Compostelle, tandis que ma journée s'organise sur les pas qu'ils ont faits la veille, en direction de Pau. Nous sommes en 2017.

Tel un saumon remontant la rivière à contre-courant, je m'engage sur ce chemin nouveau, et véritablement... surpeuplé.

Le soleil se lève à peine que déjà des groupes entiers de pèlerins défilent. Sportifs de haut niveau au matériel clinquant et sophistiqué, hippies paisiblement installés sur les côtés de la route, portant des vêtements en chanvre bio et fumant certainement le même style de plantes que celle ayant servi à leur confection, ils affluent, sortant de nulle part, par des chemins de traverse et des impasses, des églises, et même de certaines maisons. Ce n'est plus un chemin. C'est un raz-de-marée humain.

Traumatisée par mes années de solitude extrême, je me fraye tant bien que mal un passage, finissant par répondre d'un simple sourire à ceux qui, nombreux, usent de toute la diplomatie de leur pays pour me faire comprendre que je marche *à contresens.*

À Uzan, je croise une pèlerine qui a la délicatesse de ne me faire aucune remarque sur le sens de mon trajet et me dit simplement :

« Aujourd'hui, c'est dimanche, jour des cadeaux ! Prépare-toi ! »

Quelques centaines de mètres plus loin, après un virage, je découvre une tonnelle rouge à l'entrée d'un jardin avec une grosse coquille Saint-Jacques accrochée, portail ouvert, et une pancarte :

Thé, café, gâteaux, pèlerins, servez-vous.

Il est vrai que sur les chemins de pèlerinage fréquentés règne un certain esprit et que cela comporte quelques avantages. Tandis que je me régale d'une part de gâteau au citron maison, le propriétaire des lieux, un homme à la chemise écrue ornée d'une grande croix de bois, m'indique le chemin le plus court vers Mazerolles. Il prend ensuite un sourire mystérieux, et me dit de faire une pause à l'église.

En pénétrant dans l'édifice situé à quelques mètres en contrebas, je suis d'abord choquée par la température. C'est la même, exactement *la même* qu'à l'extérieur, ce qui est plutôt rare pour une église. Sinon, rien de particulier à signaler. Tout semble assez normal. Mais tandis que je me dirige machinalement vers l'autel, une musique très forte se déclenche d'un coup, manquant de me faire tomber dans l'allée centrale.

Je me raccroche à un banc, le cœur battant. Merci, les blagues de fantôme. Ça valait bien le réconfort d'un bon gâteau quelques minutes auparavant.

JACQUES

26 SEPTEMBRE 2015 – VERSAILLES (78)
(Paris – Versailles)
22 JUIN 2019 – CHATOU (78)
(Paris – L'Aigle - en direction du mont Saint-Michel)

« Nouvelle année, nouveau défi ! » me lance l'ami à qui je raconte l'inédit détail qui va ouvrir cette nouvelle longue marche en direction du mont Saint-Michel. Au lendemain de mon trente-deuxième anniversaire, en 2019.

Pour une marcheuse de mille lieux, qui entame alors sa quatorzième marche, on pourrait s'attendre à une large zone de confort, empreinte d'un doux vent de liberté, exempte de peurs... Que nenni ! Ce jour-là, je tremble comme une feuille devant le plus grand défi jamais osé depuis toutes ces années. Un défi signifié non pas par une mais deux dates au début de ce chapitre. Un gigantesque défi tenant en quatre mots :

« Revoir - une - personne - du – chemin ».

Longtemps, j'ai considéré que le chemin était séparé du quotidien. Je ne prenais jamais de photos des personnes rencontrées, je répondais sporadiquement aux messages qui m'étaient envoyés lorsque je laissais mes coordonnées. Ces histoires étaient celles d'un autre espace-temps. Précieuses, sacrées, à protéger. Je ne voulais pas risquer d'être dépossédée.

J'avais rencontré Jacques et Myriam en 2015, au cours de ma deuxième longue marche, de Paris à Versailles. Alors que j'arrivais au bout du parc, pleine d'espoir d'en sortir après plus de deux heures passées à le traverser, je tombais sur une grille... fermée. Cadenassée. J'avais interpelé deux cyclistes qui passaient là. Une jeune femme et son papa. Je me souviens des couleurs qu'elle portait. Fabuleusement bariolées. Et de la voix de ce monsieur. Charismatique.

« François Hollande est en visite au château aujourd'hui, tout est bouclé ! Vous pouvez sortir par la grille des Matelots, elle est ouverte. »

Dépitée, j'avais remercié mes informateurs, tout en échangeant quelques mots sur mon petit périple. Et étais repartie dans l'autre sens, me demandant rationnellement comment j'allais pouvoir terminer cette journée après une rallonge de près de dix kilomètres.

Une demi-heure plus tard, tandis que j'apercevais la fameuse « grille des Matelots », j'entendis des klaxons. Comme si quelqu'un m'appelait. Étonnée, je tournais la tête. Je ne connaissais personne ici. Mais je vis soudain sortir d'une petite voiture blanche la jeune femme aux habits bariolés. Me fonçant littéralement dessus, s'emparant de mes bâtons de marche pour les mettre dans le coffre. M'ouvrant la portière arrière dans un même mouvement.

« Tu as assez marché pour aujourd'hui, on t'emmène à ton hôtel ! »

Ils m'avaient attendue.

Nous avions ensuite échangé quelques courriels avec Jacques. À plusieurs reprises, il m'avait proposé de revenir le voir à Chatou, la ville coquette des Yvelines où il vivait.

Aussi, ce jour-là de 2019, soit plus de quatre ans après notre première rencontre dans le parc du château de Versailles, j'écrivais un nouveau courriel à Jacques. Chatou se trouvait exactement à l'endroit, ni plus ni moins, où je comptais m'arrêter pour la première étape de cette longue marche en direction du mont Saint-Michel.

Sa réponse, joyeuse, ne s'est pas fait attendre longtemps.

« Quelle surprise ! Je t'offre le gîte et le couvert. Et en plus, ça me fera plaisir ».

Quand il ouvre la porte, il y a d'abord un silence. On se dévisage, longtemps. Se reconnaître. S'approprier le présent face au souvenir.

Le corps légèrement fébrile, je prends la mesure de ce que je vis. De toutes mes marches, de toutes mes rencontres, Jacques est *vraiment* le premier que je revois.

« Tu sais, c'est drôle, ce jour-là on ne s'était pas parlé longtemps, mais j'ai gardé un vrai souvenir de notre rencontre », me dit-il en me tendant un grand verre d'eau fraîche.

Je dépose mon sac dans la petite chambre qui m'est dédiée. Après la douche réglementaire, assise face au ventilateur dans un confortable fauteuil en cuir, je reprends mes esprits en racontant le début de cette caniculaire traversée. Je retrouve le charisme de Jacques, sa voix caverneuse, son regard bienveillant aux yeux de grand-père malicieux. En fond, la télé accompagne notre conversation.

Mon regard se promène sur les murs. L'appartement est simple et bien agencé. Quelques tableaux accrochés, de vieilles images de la forêt. Des photos de Myriam et ses enfants. Joyeux, souriants.

« Tu sais, il faut faire attention à ce qu'on dit à nos enfants, à propos d'eux-mêmes. Ce n'est pas anodin. On n'est pas n'importe qui, pour eux. On est parents. Ce qu'on leur dit va être chargé de sens. »

Pour le dîner, Jacques me propose une part d'un melon savoureux, quelques tomates et aubergines grillées.

Il me conte ses aventures de vie. Les hauts, les bas, ce qu'il a créé, mis sur pied. Un dispositif de soutien aux femmes battues, la direction de plusieurs associations, une troupe de théâtre... La nécessité de savoir passer la main, aussi.

« C'est ça, la transmission. On transmet ce que l'on croit et qui nous a construits. Bon, tu me dis si tu repasses dans le coin ? »

Je mesure la chance de cette soirée. Quatre ans plus tard, tandis que l'eau a largement eu le temps de couler sous les ponts, tandis que nous nous sommes parlé deux fois par courriel, Jacques m'offre le gîte et le couvert pour la première étape de ma longue marche en direction du mont Saint-Michel.

LA BRIOCHE DES ANGES

27 OCTOBRE 2019 – ARGENTAN (61)
(L'Aigle – Argentan - en direction du mont Saint-Michel)

La plupart du temps lorsque j'arrive à destination, je passe une nuit sur place. Pour arriver *vraiment*. Prendre la mesure du chemin parcouru. Mais l'abbaye de cette petite ville de Normandie, en octobre 2019, est fermée. Les religieuses en sont bien désolées. Je n'ai rien trouvé d'autre. Et la ville ne m'inspire pas pour bivouaquer. Alors, je me rends à la gare et choisis un train qui partira deux heures plus tard. Afin de me préparer un petit sas d'atterrissage. Avant le retour au quotidien.

Tandis que je louche sur le distributeur de la gare, je sens un regard sur moi. Une dame. Moi aussi, je l'ai regardée en arrivant. La façon dont elle est habillée m'a frappée. Un camaïeu de marron. Automnal. Elle a un corps mince et fluide, une coupe de cheveux naturelle. Une certaine classe, inexplicable. Elle est en train de manger de la brioche.

Au moment où je mets la main dans ma poche pour chercher l'unique pièce qu'il me reste en me demandant si elle va me servir pour acheter à boire ou à manger, comme par télépathie, un gros morceau de brioche arrive sous mon nez.

« J'en avais trop, je n'allais pas la finir. »

Elle me demande si je reviens d'un pèlerinage. Si mes pieds sont mouillés. Elle me propose son foulard, pour les envelopper. Un très beau foulard. Je reste fascinée par la grâce épurée qu'elle dégage. Une beauté presque surnaturelle. Comme si elle ne venait pas de cette planète.

En août dernier, elle est partie sur un coup de tête, avec quatre amis. Elle a marché de Domfront jusqu'au mont Saint-Michel.

« C'était beau, vallonné. Arriver au mont Saint-Michel, c'est grandiose, croyez-moi. »

Elle se dirige vers le siège où elle s'était installée. Plusieurs sacs d'une autre époque y sont entreposés. Elle semble savoir ce qu'elle cherche et plonge dans le plus vieux et décati d'entre eux. Elle en sort d'abord des journaux, de vieux journaux. Puis des livres jaunis aux couvertures passées. Un parapluie, qu'elle me montre avec un sourire et un haussement d'épaules, comme pour s'excuser de sa banalité. Et enfin, de très vieux mocassins de ville, de vieux mocassins marron automne, semblant tout droit sortis de ma friperie préférée.

« Je n'avais que ces chaussures-là avec moi. C'était parfait. »

Je ne saurais lui donner un âge. Je reste les yeux dans le vague, légèrement ébahie.

C'est alors qu'un grand et beau jeune gaillard blond, tête bouclée et sourire aux lèvres, arrive et se joint à nous. Des clés de voiture dans une main... et une brioche dans l'autre. Je reste incrédule. *Encore une brioche ?* Elle s'en empare et m'en coupe un nouveau morceau.

« Pour votre trajet, dans le train. Vous rentrez à Paris, n'est-ce pas ? »

Comment a-t-elle deviné ? Son fils aussi marche. Lui a fait l'autre variante du GR 22, le chemin de Grande Randonnée qui relie Paris au mont Saint-Michel. Soit exactement celui que j'ai parcouru quelques mois auparavant.

Je la regarde de plus près, dans son tailleur chic en camaïeu marron, ses mocassins usés et ses journaux tout râpés, son fils à ses côtés. Elle ressemble à l'Automne. Ses mots dessinent mes prochains pas. Dans mes mains, une inexplicable sensation de douceur. J'ai rencontré des anges.

LAURA, DE PAR... TOUT ET NULLE PART

8 FÉVRIER 2020 – BRIOUZE (61)
(Argentan – Flers - en direction du mont Saint-Michel)

Normandie, hiver 2020 glacé. Au cours d'une de mes longues marches en direction du mont Saint-Michel, une averse diluvienne me foudroie tandis que j'approche de l'entrée du village de Briouze, où je fais étape ce soir-là. In extremis, je me réfugie dans le seul bar ouvert. J'entre, et reste légèrement ébahie. De toute ma vie, je n'ai jamais vu un bar aussi petit. Quelques tables à peine. Un feu de bois. Une patronne derrière son ordinateur disposé en hauteur. Un drôle d'aménagement.

Tout vieux, le bar. Les trois seules personnes attablées ouvrent de grands yeux en me voyant débarquer. Ils sont très costauds, tous les trois, assis sur des chaises relativement étroites. Ce qui leur donne un certain coffre, quand ils parlent. D'autant plus que le bar est vraiment *minuscule*.

Rarement en reste de questions sur le patrimoine et les coutumes locales, et de toute façon si proche qu'il aurait été difficile de les ignorer, j'engage la conversation. Il s'agit de deux parents et de leur fille Macha, trentenaire. Macha parle peu. N'arrête pas de me sourire. La patronne nous laisse à notre conversation. Mais je sais qu'elle écoute.

Lorsque je dis à mes trois amis que je suis partie de Paris, et que je vais jusqu'à la grand ville toute proche, ils me parlent du Secours Populaire, où le café est gratuit. Ils me font noter les horaires d'ouverture du local dans mon carnet et s'assurent que je les ai bien retenus. Élisabeth, la maman, vérifie par elle-même que je ne me suis pas trompée. Elle a le sens des priorités.

Dehors, la pluie se calme progressivement. Je suis dubitative à l'idée de repartir, car le moment le plus douloureux est arrivé.

Ce qui fait *vraiment mal*, lorsque l'on marche, n'est pas la pluie. Ce qui fait vraiment mal est le moment qui vient *après* la pluie. Pendant la pluie, on s'accroche, on persévère. Après la pluie, on lâche prise. C'est le contrecoup. Prendre conscience des gerçures taillées dans un corps qui s'est raidi pour résister, pour continuer à avancer. Avoir soudainement froid. À l'image des tempêtes de nos vies qui, une fois dépassées, nous laissent pantois, hébétés. On est vivants, mais lessivés.

Je prends mon courage à deux mains. Ploc, ploc font mes chaussures trempées lorsque je fais les quelques pas nécessaires pour attraper mon sac. Et tandis que je m'approche du comptoir pour régler mon café, je vois Yves, le papa, s'extraire de sa chaise avec difficulté et dire dans un souffle bruyant…

« C'est pour moi. »

Il sort ensuite un morceau de papier quadrillé de son portefeuille, et me demande mon prénom. Il note :

« Laura, de Par… »

Il s'arrête. Réfléchit quelques instants, stylo en l'air.

« De par…tout et nulle part. Le 8 mars 2020 ».

HAKIM ET JÉRÔME

20 JUILLET 2020 – AVRANCHES (50)
(Flers – le mont Saint-Michel)

« Rendez-vous possible par photo pour les croissants. J'enjambe le Couesnon tous les matins avec mes chiens. »

Attention danger. Quand vous marchez régulièrement et que vous alimentez une page sur les réseaux sociaux, voilà le genre de messages qui peuvent vous foncer droit dessus.

L'auteur du message était un certain Jérôme, que je ne connaissais ni d'Ève ni d'Adam. Lui-même semblait incapable de se souvenir comment il m'avait trouvée. Ce que j'écrivais rejoignait une certaine vision du monde à laquelle il aspirait, c'est tout. Il m'avait contactée alors que j'arrivais à Honfleur, en 2018.

Nous voilà deux ans plus tard, en 2020. Je marche avec Amar, en direction du mont Saint-Michel. Tandis que mon ami profite d'une pause pour gérer un coup de fil professionnel, je me décide à rappeler Jérôme. Deux ans après avoir échangé trois messages et demi.

Surprise. Il décroche. Et se souvient très bien de moi. Au bout du fil, je sens un homme de silence et d'écoute. Une grande présence. Lui et son mari ont déménagé. Mais nous pouvons quand même les rencontrer. C'est juste à côté.

Jérôme nous propose de pique-niquer dans le jardin à étages de leur cousin. Un jardin avec vue sur le mont Saint-Michel.

Il nous donne rendez-vous devant l'église de ce village à une vingtaine de kilomètres du mont Saint-Michel où nous faisons étape ce soir-là. Nous le voyons arriver dans un vieil utilitaire jaune poussin. Sûrement un ancien véhicule de la Poste. Un jeune homme d'une trentaine d'années, vêtu à la dernière mode italienne, descend de la camionnette. Il contraste franchement avec l'état de l'utilitaire. Un sourire franc et pétillant. Hakim, le mari de Jérôme.

Jérôme descend à son tour. La quarantaine, il est plutôt petit. Le corps tout en muscles. Ses cheveux sont retenus par un élégant catogan, tandis que son jean taché de peinture semble lui coller à la peau.

Comme il n'y a que trois places à l'avant du véhicule, Hakim me propose de descendre à pied jusqu'au jardin de son cousin tandis que Jérôme embarque Amar dans l'utilitaire.

Au fil des rues qui défilent nous nous rencontrons. Ce n'est jamais anodin, de faire un bout de chemin avec quelqu'un, quel qu'il soit et quelles que soient les circonstances. Regardez bien avec qui vous marchez. Et lisez entre les lignes.

Hakim est commercial. Il est responsable des achats pour un grand groupe privé.

Soudain, je stoppe la conversation et m'arrête. Les yeux écarquillés, le regard droit devant. Figée. Je ne m'attendais pas à le voir apparaître si rapidement, au détour d'une rue. À la fois si loin et si près.

« C'est la première fois que tu le vois ? », me demande Hakim.

Oui. Tellement minuscule qu'on aurait dit un gâteau. Une belle gaufre au sucre perlé, qui aurait un peu gonflé. Le mont Saint-Michel.

Le jardin du cousin de Hakim est en permaculture, une forme de culture qui joue sur l'alliance et la complémentarité naturelle entre les plantes, les arbres, les végétaux et certains animaux. Une ode à la diversité qui n'a pas peur de laisser certains espaces en friche pour activer la régénération des sols.

De petits îlots de culture sont répartis un peu partout autour de nous. Un camping écolo, des toilettes sèches, une douche solaire. Des gens passent pour aller faire la vaisselle. Nous saluent. Une ambiance discrète et harmonieuse.

Nous arrivons presque en même temps que Jérôme et Amar. Hakim attrape la glacière et déballe un pique-nique incroyable. Au menu, les œufs bio d'une de ses copines, plusieurs fromages de chèvre du marché au poivre, herbes et curry, des radis de son jardin, des gros, des petits, des biscornus. Amar, citadin, ouvre de grands yeux : il ne savait pas que les radis pouvaient avoir tant de formes différentes. Une salade bio et un gros taboulé avec des légumes et de la menthe viennent compléter ce festin. Sans oublier la spécialité de Hakim : falafel de pois chiches accompagné de tatziki.

Peu à peu, nous nous rencontrons. Jérôme est peintre. Il travaille sur des toiles immenses dans lesquelles il insère divers éléments de la nature : bois, terre… Actuellement, il s'attelle à poser sur la toile une scène qu'il a vue en rêve. Une sorte de fée des forêts en train d'officier une cérémonie druidique.

« C'est un dialogue entre la toile et mon subconscient », nous dit-il.

Il parle des projets, des biennales d'art contemporain qu'il a mis sur pied. Il ne semble jamais s'arrêter de créer. On dirait que ça lui est égal, que ce soit vu ou non. Apprécié ou non. Ça doit être, c'est tout.

Plus je l'écoute parler, plus j'ai l'impression de l'avoir déjà rencontré.

Comme à chaque fois, je cherche. En vain.

La nuit tombe doucement. Nous enfilons bientôt nos petits pulls. Le Mont, bienveillant et imposant, nous regarde depuis sa lointaine mer de sable. Plus qu'une journée, le lendemain. Et nous y serons.

L'AUTRE

À chaque nouveau départ piéton de Paris, s'organise la même traversée. Lorsque les espaces urbanisés commencent à se détendre, je tente mes premières salutations aux personnes que je croise. Aussi maladroites que mes premiers sourires. Évidemment, je trouve en réponse des visages fermés, des sourires crispés et forcés. Ce moment, plutôt inconfortable à passer, advient pourtant à chaque nouvelle longue marche.

Je sais qu'il s'agit d'une frontière à traverser. La douane du premier sourire authentique, de la première conversation spontanée et désintéressée, après plusieurs semaines, voire mois, dans le centre-ville d'une capitale tellement saturée d'êtres humains qu'elle en vient à s'en préserver.

Mais quelle inestimable récompense, lorsqu'un inconnu vous sourit ! C'est comme s'il vous révélait soudain qui il était, l'ardeur de ses rêves, l'accès à cette zone furieuse de lui-même qui contient le potentiel de son être tout en semblant l'ignorer. Le premier sourire que quelqu'un nous adresse contient tout, tout, tout. C'est le moment sacré d'une rencontre. Un sourire donne l'échelle d'une présence au monde. Voir l'autre sourire, c'est comprendre le chemin de sa sagesse, la vibration de son âme. C'est un souffle sur son visage, comme un paysage.

Dire bonjour, sur le chemin, devient ensuite un passeport de générosité. L'empreinte d'une simplicité et d'une confiance amorcée. Souvent, *l'autre* est arrivé sur mes chemins comme un soutien. La plupart du temps, quand j'en avais vraiment besoin.

MON CHOUCHOUBIDOU

27 JUILLET 2015 – SUÈVRES (41)
(Paris – Poitiers)

Comme de nombreux pèlerins, j'ai vécu lors de ma première longue marche en 2015 un craquage, environ deux semaines après le départ de Paris. Craquer de solitude. Craquer de ne plus avoir d'habitudes. Craquer d'être en voyage. Craquer de ne pas savoir s'arrêter.

Chaque matin, sans vraiment savoir pourquoi, des larmes venaient. J'avançais en me traînant, le poids du sac me semblant démesuré. Chaque pas devenait une épreuve dont la finalité m'échappait. Ballon de baudruche dégonflé. Après l'impression de vivre trois journées en une, j'éprouvais l'hypnotique sensation qu'elles s'emmêlaient. Mes fréquences se brouillaient : ce souvenir qui me traversait, évoquait-il un moment vécu la veille ou le matin même ?

Pourquoi étais-je en train de m'infliger ce périple, alors que j'aurais pu tranquillement passer mes vacances à bronzer sur la plage en mangeant des beignets au chocolat ? Dans ces moments difficiles, les paroles de certains proches revenaient. Ces amis qui ne comprenaient pas le pourquoi de cette longue marche. J'étais à deux doigts de les écouter. De tout laisser tomber.

Je pris à ce moment-là la ferme résolution de faire au maximum vingt-cinq kilomètres par jour. Sans quoi je me fermais aux rencontres possibles, happée par la distance à parcourir, les yeux rivés au compteur, filant à cent à l'heure, sans même prendre le temps d'admirer le paysage. Si l'on n'y fait pas attention, le chemin *aussi* peut ressembler au quotidien.

Et bientôt, je croisai ces deux pèlerins dont, aujourd'hui encore, la simple évocation me fait sourire jusqu'aux oreilles. Parce qu'en ralentissant, la magie ré-opère.

En contrebas d'une colline, je distingue deux silhouettes d'allure jeune. Qui semblent presque *m'attendre*, car à peine suis-je arrivée à leur niveau qu'elles m'emboîtent le pas. La première chose que le jeune homme me demande, c'est où j'ai trouvé mon bâton : « Nous, ils n'arrêtent pas de se casser. »

Je regarde de plus près. Ils marchent avec des *branches*.

« T'en fais pas mon chouchoubidou, tu vas en trouver un autre. »

Disant cela, la jeune femme affiche un large sourire. Elle a quelques poils au menton. De nombreux sur les jambes. Sur son sweat, un logo attire mon attention : « Jeunesse Lumière ». Il fait plus de trente degrés.

Elle dit « Mon chouchoubidou » à chaque fois qu'elle s'adresse à lui. Ce qui rend ses phrases très longues, mais aussi très *drôles*. *Chouchoubidou* a les dents toutes écartées. Il s'exprime avec un cheveu sur la langue et me regarde à travers des lunettes très épaisses. On aurait dit qu'il sortait d'un dessin animé.

On chemine un brin ensemble, au milieu des champs de tournesols. Je suis attendrie par leur rencontre. Ressourcée en humanité simple. Ils marchent du mauvais côté de la route, ils sont mal équipés. Mais leur foi les dépasse. Ils sont protégés. Je les laisse finalement partir devant, mon sourire revenu.

Peut-être ont-ils déposé en moi un peu de « jeunesse lumière ».

MANON

4 AOÛT 2015 – CHÂTELLERAULT (86)
(Paris – Poitiers)

Un matin d'été de cette première marche de 2015, alors que je viens d'apprendre une mauvaise nouvelle familiale et que mes yeux en sont encore bouffis, je prends la photo d'un menhir dans un champ. Je me trouve quelques kilomètres avant Châtellerault, sur la voie de Tours. Une jeune femme avec un gros sac et des chaussures de randonnée est à côté du menhir. Cette même sensation qu'elle *m'attendait*. Elle me salue sobrement. Et s'intègre discrètement à mes côtés.

Elle a une quarantaine d'années, un air simple et joyeux. Beaucoup de légèreté. Moi, je suis dans un drôle d'état. La délicatesse de son arrivée, le silence qu'elle respecte face à mes yeux de tortue gonflés, me laissent penser qu'elle a senti qu'il se tramait un drôle de passage pour moi.

Avançant avec elle, pour la première fois depuis longtemps je suis accompagnée. Je la regarde du coin de l'œil. Elle marche sans chapeau, sans casquette, ni turban. Avec un tee-shirt rose fluo.

« C'est le modèle le plus pratique, il sèche vite ! » m'explique-t-elle dans un grand sourire.

J'aime qu'elle n'ait pas de bâton, pas de coquille Saint-Jacques accrochée au sac. Juste un minuscule coquillage autour du cou, et une toute petite gourde d'eau.

Qu'elle dorme parfois toute seule dans la nature à la belle étoile.

J'aime qu'elle ne me pose aucune question. Qu'elle installe simplement sa présence à côté de la mienne, laissant dialoguer nos silences.

Grande, mince et sculptée par des dizaines d'heures de course à pied, Manon se met à tracer très vite. Je chemine à ses côtés comme si je faisais un parcours de santé. Après une heure à son rythme, je sens un début de tendinite. Au genou. Alors, je la laisse partir devant.

Adopter le rythme de quelqu'un d'autre, c'est risquer de se blesser ou de fonctionner en sous-régime. Ça vaut sur le chemin. Ça vaut dans la vie. Je retrouverai Manon aux pauses dans les cafés.

On n'est jamais très loin, sur le chemin.

TARZAN CHERCHE JANE

23 MAI 2017 – NANTEUIL-LÈS-MEAUX (77)
(Paris – Reims)

Ce jour-là, en plein printemps 2017 de mon Paris-Reims piéton, j'avance lentement. Le GPS capte mal le signal. Je finis par prendre une décision et m'engage dans une zone en travaux, sans avoir toutefois la certitude de pouvoir passer. Un parcours de statues géantes posées là m'attrape au vol. Quelques instants de repos, inattendu.

Celles qui me touchent le plus sont deux statues enlacées, qui regardent l'horizon. La même direction. Je les trouve émouvantes. Je prends une photo. Et tandis que je continue à ramer pour trouver ma direction au bord de la Marne, et ce, sans aller à l'eau et sans mauvais jeu de mots, un homme d'une cinquantaine d'années apparaît, avec un tout petit chien blanc. Celui-ci me fait la fête, comme si nous nous connaissions depuis toujours.

« Où allez-vous comme ça ?, me demanda-t-il (l'homme, pas le chien) avec un sourire.

– À Trilport !

– Alors on y va ensemble, c'est ma destination ! »

Il s'appelle Ahcène, il a les cheveux courts et gris. Plutôt petit, le corps taillé sportif et abîmé par les travaux. Son métier, c'est d'assembler des pièces de machine, à l'usine. À vrai dire, il ne sait plus très bien quel sens il donne à ce travail. Il a encore dix ans à faire. Il serre les dents. Je note l'écart entre son métier, qu'il qualifie lui-même d'« ouvrier », et la profondeur de cette réflexion. Combien d'entre nous ne sont pas au bon endroit, et explorent si peu de leurs capacités.

Il change de sujet, me pose des questions sur mon trajet. Je sors ma carte de randonnée. Qui sait, peut-être sa prochaine destination professionnelle s'y trouverait ?

« Je fais mal, avec mes gros doigts d'ouvrier », me dit-il en dépliant la carte pour regarder. Il ignore qu'ils sont habités d'une infinie poésie.

La prochaine fois que je passerai par-là, il pourra m'héberger. Il héberge beaucoup de monde : des SDF, des femmes battues… Il a eu tellement de problèmes dans sa vie.

« Ça, on le fait avec le cœur », dit-il en m'offrant un second sourire lumineux.

Il est assez drôle. Simple, bouleversant. Il sait mettre à l'aise, et laisser la place à l'autre. Il a traversé la Pologne à pied. Enfin non, pas qu'à pied. Et de chez lui jusqu'au Danube à pied. Enfin, non, pas jusqu'au Danube. Et pas qu'à pied. Euh…

Il y a des non-sens comme ça, dans ses histoires. Il vit sans téléphone, ni ordinateur, mais il va regarder ma page Facebook en rentrant chez lui.

Ahcène est aussi un amoureux de la nature. À la pleine lune, il se rend près d'un petit cours d'eau, appelé « Ru de Misère », où se trouve une fontaine, sublime… Il y concocte une poudre de graines d'orties pour la circulation sanguine, ainsi qu'un aphrodisiaque.

« Tu vois, là, je sors d'un rendez-vous, j'ai mis exprès des chaussures neuves, mais quand la fille a appris que j'avais passé le Nouvel An dans ma cabane au fond des bois sans électricité, elle m'a pris pour Tarzan ! Le rendez-vous s'est fini assez vite. »

Mine déconfite d'Ahcène. Le silence se fait tandis que nous continuons d'avancer. Nous passons sous un grand pont d'autoroute. Des dizaines de fougères bordent le chemin. Ombragé.

Ahcène, enlève ces chaussures neuves qui ne te correspondent pas. Mets des herbes aux pieds, enfile des pâquerettes entre tes orteils. Et elle arrivera, ta Jane. Parce que tu seras tellement toi qu'elle te reconnaîtra.

FRÉDÉRIC

AOÛT 2017 – BORDEAUX (33)
(Bordeaux – Pau)

En 2017, au cours d'une soirée, j'ai rencontré une jeune femme originaire de Pau. Nous avons parlé randonnée, car les chemins autour de sa ville étaient beaux et faciles d'accès. Elle m'en parlait, me les conseillait. J'y vis un signe, car j'envisageais justement la longue marche jusqu'à cette destination. Pau, ville natale de ma mère. Un nouveau périple qui m'excitait autant qu'il m'impressionnait. Même si j'avais quelques kilomètres au compteur, la traversée des Landes, la plus grande forêt d'Europe avec son million d'hectares… me laissait *légèrement* tremblante.

Et puis, j'avais rencontré à cette soirée une autre personne. Jamais de ma vie je n'avais vu un homme aux cheveux aussi noirs, aussi grand, aussi musclé, et avec une barbe aussi longue. Tellement longue qu'il en faisait *une tresse*.

Sa gentillesse, son regard doux et profondément bienveillant m'avaient touchée. Cœur fondant dans corps super puissant. L'aventurière éprise de liberté, délaissant souvent ses histoires d'amour au profit de palpitants nouveaux projets, s'était trouvée... touchée en plein cœur.

Frédéric aussi voyageait. Ce qui lui plaisait, c'était les expéditions extrêmes. Son dernier voyage comptait quarante jours sur le toit du monde. Quarante jours, là où la plupart des alpinistes de l'Everest s'octroyaient ce temps uniquement pour s'acclimater à l'altitude.

« Pourquoi l'Everest ?

– Comme ça. Juste comme ça. Pourquoi ? »

J'ai craqué. Évidemment. Quelques mois plus tard, l'homme des déserts de glace proposa de m'accompagner dans ce qui serait le mien, de désert, si j'allais à Pau. Il pourrait venir pendant quelques jours, par exemple. Je partirais seule, arriverais seule. Il serait là pour le moment le plus difficile.

19 AOÛT 2017 – SAINT-SYMPHORIEN (33) (Bordeaux – Pau)

Quelques mois plus tard, débrouillard, Frédéric trouve un bus pour l'emmener de la gare la plus proche jusqu'à ce nulle part où je l'attends, dans un coquet camping avec, grand luxe, de beaux toits en bois au-dessus des tables de pique-nique. C'est bienvenu, car son arrivée se fait sous un déluge sans précédent.

Le nom du village l'amuse beaucoup. En phonétique, cela peut donner quelque chose comme *Sein-sein-fout rien*... Joli programme en perspective. Et comme pour accréditer le *dolce farniente* de cette journée de retrouvailles, il débarque les bras chargés de cadeaux : fromage, pain d'épices, gâteau maison au chocolat...

Dès le lendemain, ayant quelque peu dessiné notre itinéraire dans ce *no man's land* aux villages distants de plusieurs dizaines de kilomètres, nous quittons *Sein-sein-fout rien* sous un soleil de plomb.

Frédéric marche bien. Il est solide, attentif et prévenant. Bien que me dépassant facilement de trois ou quatre têtes, il s'adapte à mon rythme.

Très rapidement, je découvre quel adorable et incomparable compagnon de voyage il fait. Alors que depuis plusieurs journées dans les Landes désertiques, tout autour de moi crie que l'humanité s'en est allée, qu'elle n'était d'ailleurs qu'une fable douteuse sortie d'un imaginaire tourmenté, Frédéric aligne les blagues et les anecdotes, encourage nos pas d'un joyeux bavardage, du plus basique « Quelle est la meilleure fondue suisse ? » aux spirituelles questions que contient son livre de Satprem, le disciple de Sri Aurobindo qui a fondé la cité indienne d'Auroville.

Je le prends en photo, souriant de toutes ses dents au milieu des paysages perdus et désolés qui nous entourent. Heureux comme un pape.

Parce que même si bon nombre de mes compagnons étaient des personnes *ouvertes*, je n'en connais pas des rayons entiers qui auraient été aussi heureux de se lever à cinq heures quinze du matin dans un froid glacial à enfiler tous ses pulls d'affilée, pour passer ensuite une journée à brûler sous un soleil à trente-cinq degrés, à tartiner en continu son visage pâle d'écran total, à extraire parfois avec difficulté ses pieds de chemins ensablés et accidentés au milieu desquels les fougères semblaient s'être donné de *green* rendez-vous pour repeupler toute la forêt, à rationner ses gourdes d'eau dans l'espérance d'une prochaine maison *a minima* douze kilomètres plus loin...

avec comme unique consolation, le parfum frais, apaisant, *extra-power* et en diffusion longue durée : « pin de la forêt ».

J'exagère un peu en parlant d'unique consolation. Car le plaisir est aussi là où on sait le cueillir. Ainsi, parfois soudainement érotisés par le bruit d'abeilles butinant les petits massifs de bruyère violette au bord des sentiers, ou à la suite de je ne sais quelle vision d'un arbre ou d'un nuage tendancieux, nous jetons brusquement nos sacs au sol pour déplier à la hâte une de nos brillantes couvertures de survie. Et nous délecter d'un amour passionné dans de luxurieux et crissants tourbillons dorés.

L'avantage d'être seuls au monde, c'est que vous êtes sûrs que personne ne va vous déranger.

La compagnie d'un tiers me change de mes aventures solitaires. Je découvre avec Frédéric la douceur d'une épaule tendre, amicale, protectrice. L'autre est cet espace où je peux me laisser aller... et aussi celui qui parfois peut considérablement, *m'agacer*.

Cet incroyable miroir de l'altérité, qui, par exemple, me renvoie à mon incapacité totale de maîtrise de moi lorsqu'un matin, mal réveillée, je découvre à côté de ma frontale un gigantesque criquet long de quatre phalanges, me regardant fixement de ses deux petits yeux globuleux. Campé sur ses pattes arrière, il est prêt à bondir. Je pousse un cri à réveiller toute la forêt.

Devant la molle indifférence de Frédéric qui sort à peine le nez de son duvet, je quitte la tente, *vexée*, en petite culotte, frissonnante dans l'air matinal, non sans lui avoir lancé : « Tant que tu y es, tu n'as qu'à l'appeler Henri et t'en faire un ami ! »

Et c'est resté. Lors de notre halte à Mont-de-Marsan quelques jours plus tard, Frédéric baptisera avec beaucoup de panache le cafard de notre chambre d'hôtel *low cost* « Henri IV ». C'est un bon roi.

En effet, Frédéric est l'ami des bêtes. Elles sont nombreuses dans nos étendues justement dépeuplées : les classiques guêpes et moustiques sont ici accompagnés de bon nombre d'araignées en tous genres, sauterelles grouillantes, blattes pullulantes, punaises vertes et marron, pince-oreilles aux mandibules géantes, fourmis rouges piquantes, aoûtats non moins délicats… que nous trouvons dans nos sacs, en repliant nos duvets, ou en nous asseyant simplement par terre.

Rodé par ses multiples expéditions aux quatre coins du monde, mon compagnon me prodigue de placides et philosophiques enseignements au fil des kilomètres.

« Nous partageons leur territoire, c'est normal qu'ils viennent nous voir, c'est même un honneur. S'ils avaient dû nous piquer, ils l'auraient déjà fait, avant même qu'on ne s'aperçoive de leur présence. »

Lorsque les moucherons débarquent, je comprends rapidement que si ses réflexions s'apparentent pour moi aux premiers chapitres d'un palpitant « Manuel-de-survie-en-milieu-hostile », elles représentent en réalité pour lui les dernières lignes d'un basique « Balade-du-dimanche-en-forêt ». Car les moucherons, pour moi, sont vite devenus véritablement *atroces*.

Ces troupeaux de minuscules bêtes noires bourdonnantes arrivent de nulle part et vous prennent soudain pour cible, volant autour de vos têtes pendant plusieurs heures d'affilée. De quoi vous rendre fou. Et tandis que je me débats à corps perdu en inventant mille et une techniques de parade tout à fait inutiles, mon compagnon aux trente millions d'amis continue de relativiser.

« Ces petites bêtes ne nous sucent pas le sang, elles ne nous attaquent pas, elles ne se posent pas sur nous, ne rentrent pas dans nos vêtements… Pas la peine de s'énerver. »

Son positionnement stoïque me rappelle une de mes techniques inventée sur mes premiers chemins : d'accord, il pleut et j'ai envie de faire pipi, je suis au milieu d'un champ à moitié inondé et mon GPS a pris l'eau, mais *ç'aurait pu être pire, il aurait pu grêler et...*

Fort heureusement, je finis par découvrir, en allumant une cigarette, une technique que mon mentor ne pouvait ni deviner, ni m'enseigner. Oui. Ces petites bêtes détestent la fumée. Adieu, petites bêtes.

BERNARD

22 AOÛT 2017 - SABRES (40)
(Bordeaux - Pau)

« Attention, demi-virage à l'horizon ! Trop d'émotions ! »

J'aime cette facilité que nous avons, avec Frédéric, à rire comme des enfants. Après trois jours d'immersion totale dans ce désert, nous quittons enfin les innombrables sentiers mal taillés dans les forêts abandonnées pour marcher au bord d'une très longue route goudronnée. Ma carte IGN pointe la douloureuse rigidité d'un chemin tout tracé. Fil tendu de vingt-trois kilomètres.

Nous nous sentons presque *gauches* face à cet excès de civilisation. Mal préparés. Nous croisons environ une voiture par heure, ce qui est un événement en soi, et que je ne manque pas de saluer. J'enseigne à un Frédéric interrogatif ce code informel qui permet souvent d'ouvrir bon nombre de conversations (et parfois de portes) aux arrivées dans les villages.

Tandis que nous faisons une pause à l'entrée d'un chemin, poursuivant l'air de rien nos petites habitudes de fricotage incognito dans notre désert somptueux, nous entendons une voiture approcher. Une minute plus tard, rhabillés à la va-vite, nous distinguons à son bord, un homme d'une soixantaine d'années, aux cheveux grisonnants.

« Vous voulez un café ? »

Nous nous regardons, dubitatifs.

« Ici ? »

L'homme éclate de rire.

« Mais non, chez moi, au bout du chemin ! Grimpez, je vous ramènerai ! »

Aussitôt dit, aussitôt fait. Frédéric monte à l'arrière de la camionnette avec les sacs, tandis que j'entretiens le conducteur de mon volubile bavardage dans des volutes de poussière blanche soulevées par les cahots.

Lorsque je demande à notre hôte pour quelle raison il s'est arrêté, il me dit simplement « Parce que quand je suis passé à l'aller, vous m'avez fait bonjour. »

Je ne saurais décrire autrement l'arrivée chez Bernard qu'avec le mot *paradisiaque*. Nous nous trouvons devant une authentique maison de maître en briques claires, entourée de petites dépendances. Autour, des massifs en haies colorées de fleurs variées. Tout est disposé avec goût et extrêmement bien entretenu.

Un lieu calme, paisible. En harmonie. Survolé de papillons blancs. Qui sent bon l'herbe fraîchement coupée.

Bernard nous invite à prendre place au bord d'une piscine à l'eau claire et turquoise, ombragée de grands tilleuls.

On n'est pas n'importe où, ici, me dis-je en laissant aller mes yeux sur une clochette bleue dont le fil de perles en cristal descend le long de la porte d'entrée. Ni chez *n'importe qui.*

Sentant ma curiosité, Bernard nous fait visiter. Nous arrivons dans une grande salle, sous la grange. Avec des miroirs au mur, et une barre qui me rappelle les quelques cours de danse classique de mon enfance. Une paire de chaussons de danse bordeaux, accrochés à une vieille poutre, attire mon attention. La couleur m'interpelle. D'où viennent-ils ?

« Ce sont les premiers chaussons d'un ami, danseur classique. Il les a laissés ici en signe de gratitude. »

Du bout des doigts, je les effleure. Usés jusqu'à l'os. À côté, un tableau contenant trois photos. Un jeune homme souriant dans un aérien lancer de jambes pieds en pointe, une deuxième où ce même jeune homme soutient une jeune femme dans une pose tout aussi invraisemblable de pieds pointés et corps contorsionné, une troisième en grand écart à quelques mètres du sol semblant dire « C'est là la plus simple des trois positions, cela va de soi. »

« Vous savez, c'est un peu sa résidence secondaire, ici. C'est d'ailleurs pour lui que j'ai fixé les miroirs, et la barre au mur. »

Nous sommes dans la galerie des amis. Un autre proche de notre hôte est un funambule connu pour avoir régulièrement risqué sa vie en tendant des câbles à des hauteurs vertigineuses, entre des monuments de renom.

Sous les peupliers à une dizaine de mètres, nos tasses de café refroidissent. Peu importe. Cet homme me touche. Sa présence au monde a quelque chose de majestueux. Princier. Assorti d'une grande humilité et d'un profond respect.

Nous regarderons « The Walk : rêver plus haut », le documentaire dont Bernard nous parle, à notre retour. Jamais nous n'aurions pu imaginer le nombre de risques pris et de ruses employées pour installer un fil, à quatre cents mètres du sol. Le courage déployé.

Alors que nous avançons sur notre long fil de route de vingt-trois kilomètres tendu par terre, l'arrêt chez Bernard nous invite à nous demander à quelle hauteur nous voulons risquer nos fils de vie, pour nous installer tout au sommet, là où toutes nos capacités seront mobilisées. Et tous nos rêves réalisés.

LA VOIE DU PUY-EN-VELAY

26 AOÛT 2017 – POMPS (40)
(Bordeaux – Pau)

Parmi les quatre chemins de Saint-Jacques-de-Compostelle qui traversent la France, la voie du Puy-en-Velay est de loin la plus célèbre. Ce soir-là, nous sommes huit personnes au gîte de Pomps. Jamais je n'ai vu *autant* de monde à une étape. Il se trouve même une jeune femme pour gérer l'accueil et le ménage, ce qui semble extraordinaire à la pèlerine hors-piste que je suis.

Lorsque cette jeune femme me demande – questions classiques – d'où je suis partie et jusqu'où je vais, elle éclate de rire en entendant « Bordeaux » puis « Pau ». Sans le vouloir, mon itinéraire croise non pas un, ni deux ou encore trois, mais bien les quatre chemins majeurs de Saint-Jacques-de-Compostelle, en France. Elle conclut notre échange en me remettant le code wifi du lieu avec un sourire au coin des lèvres.

« En deux ans, je n'ai encore jamais vu quelqu'un faire le chemin en dehors du chemin ! »

Je découvre ce soir-là, la fameuse ambiance des dortoirs décrite dans les récits jacquaires. Enfin ! Au bout de sept cents kilomètres !

Quelques questions en préliminaires de cet informel acte d'amour : la lumière commune, *allumée* ou *éteinte* ? Jusqu'à quelle heure ? La fenêtre, *ouverte* ou *fermée* ? Les volets, tirés complètement ou avec un trait de lumière extérieure ?

L'entrée en matière est plutôt individuelle et tourmentée, comme une partition désaccordée en allées et venues jusqu'aux toilettes, pour lesquels il faut se rhabiller, mettre ses chaussures, ouvrir la porte qui grince et traverser la cour intérieure. Surtout ne pas oublier le code pour rentrer dans le dortoir.

L'apothéose est constituée d'un harmonieux et passionné ballet collectif de pages de livres tournées, parfois frénétiquement selon la teneur du roman, d'autres en soupirant plus simplement. De subtiles ombres chinoises se dessinent sur les murs, au rythme des changements de position des lecteurs dans leur lit.

Enfin, une à une, les loupiotes s'éteignent. Une fois le dernier moment de grâce frontale décliné, advient le salutaire repos des guerriers des sentiers, en ronflements sonores bien mérités.

POLLUX

27 AOÛT 2017 – LESCAR (64)
(Bordeaux – Pau)

Il y a des personnes avec lesquelles nous marchons, avançons et les autres êtres du règne du vivant. Ceux qui nous *choisissent*.

Au détour d'un chemin quelconque, quelques kilomètres avant Lescar dans le sud de la France, un gros chien tout blanc, style Pollux dans « Le Manège enchanté », me fonce dessus. Avec des yeux rieurs, une truffe toute noire et une queue blanche qui bat le sol. Irrésistible.

Une grosse poignée de câlins plus tard, je lui fais un bisou sur le museau et reprends le chemin. Mais semblant envisager un programme apparemment différent de celui auquel je pensais pour lui, Pollux m'emboîte le pas, le plus naturellement du monde.

Bientôt, il se cale sur mon rythme, et, chose plus étonnante encore, se met à courir devant moi au niveau des intersections, m'indiquant la route à suivre. Perplexe, je vérifie sur le GPS. Comment Pollux a-t-il deviné où j'allais ?

Un kilomètre, puis deux, puis trois et quatre passent ainsi. Je suis partagée entre la gratitude pour mon atypique GPS à poils longs, et une sorte d'inquiétude de le voir ainsi s'éloigner de chez lui. Quelqu'un est sûrement anxieux de sa disparition. *N'est-ce pas, Pollux ?*

Je lui intime l'ordre de rentrer chez lui. Mais on a beau faire, n'est pas maître-chien qui veut et mon Pollux, sagement assis sur sa queue frétillante, me regarde agiter les bras dans tous les sens, avant de tranquillement reprendre sa route à mes côtés. J'aurais pu jurer qu'il se marrait, entre ses poils blancs tout emmêlés.

Je décide alors d'employer les grands moyens. J'arrête les voitures, sonne aux portes des maisons, demande aux promeneurs. Rien à faire, Pollux est inconnu au bataillon.

D'un naturel plutôt entier et accueillant, je tente de considérer de quelle manière ce cadeau de l'univers pourrait se concilier avec ma vie. Je visualise ma petite chambre en colocation à Paris, chambre que je partage depuis quelques années avec une petite colombe en liberté répondant au prénom de

Violette. Malgré mon optimisme légendaire, je comprends rapidement que le ménage *oiseau/chien* dans huit mètres carrés risque fort de se terminer par un véritable carnage dans cette nouvelle arche de Noé.

Rien ne se passe... jusqu'à l'arrivée de cette voiture. Deux dames d'un certain âge, à l'allure distinguée et l'esprit bien affûté. La conductrice porte de toutes petites lunettes au bout de son nez.

« Ce n'hééé paou le chwien qu'il faw éloignwer, méhé vouw ! »

Mais bien sûr. C'est tellement évident que je n'y ai pas pensé. J'explique à Pollux, et grimpe au côté des deux Anglaises. Pollux court derrière nous. Un instant, j'ai le cœur serré.

« Oùw alléi vouhou com' çaa ? »

La passagère, tout aussi chic que la conductrice, a le cou maintenu par une minerve, qu'elle a recouvert de nombreux colliers avec pierres incrustées. Une fine et véritable cascade dorée, qui lui donne un petit air hautain, tandis que tout le reste en elle pétille de malice, l'air de dire « Ne croyez surtout pas que je me prenne au sérieux ».

Grande dame, elle se sent bientôt appelée à traduire mes réponses en anglais.

Cette manie a rapidement le chic d'énerver Lunettes-au-bout-du-nez, qui freine d'un petit coup sec à un endroit où il ne semblait pourtant pas nécessaire de freiner d'un petit coup sec. Elle se tourne dans un mouvement brusque vers la duchesse et lui dit, les dents serrées et la voix contenue :

« Stop it, please, I understand. »

Moi aussi je comprends ! Et je suis tellement ravie de cette étourdissante progression de mon niveau d'anglais que je partage joyeusement cette nouvelle avec elles. Ce qui me vaut de terminer le trajet dans un silence légèrement pesant, agrémenté de complices clins d'œil que me lance Duchesse-à-la-Minerve dans son rétroviseur.

Déposée quelques minutes plus tard le long d'une grosse départementale bruyante, je me prépare à aligner quelques heures de marche sans pause, la vitesse de circulation y rendant tout arrêt dangereux.

Trois kilomètres plus loin, j'ai pourtant la surprise de trouver un grand panneau publicitaire planté en contrebas d'un champ de maïs, me procurant ombre et espace sécurisé le temps d'un arrêt de quelques minutes. En repartant, je me retourne, curieuse de lire le panneau.

Bientôt ici - Ouverture du centre d'éducation canine bienveillante - « Merci mon chien ».

Décidément.

SI ON Y ARRIVE, ON S'EN SOUVIENDRA TOUTE NOTRE VIE

21 JUILLET 2020 – AVRANCHES (50)
(Flers – le mont Saint-Michel)

Dès nos premiers pas dans la brume matinale, nous l'apercevons, au loin. Comme une surprise, comme un mirage. Le mont Saint-Michel. Nous sommes en 2020.

Une fois encore, comme cela nous est déjà arrivé à plusieurs reprises depuis le début de cette longue marche avec mon ami Amar, nous mettons un certain temps avant de retrouver le

GR 22. Nous passons au Val-Saint-Père près d'un petit aérodrome. Sentiers du matin, terre, fraîcheur, oiseaux.

La baie arrive, grandiose étendue sauvage et illimitée d'air frais. Nous abandonnons bientôt la petite route côtière pour nous plonger dans les herbes courtes et les pentes escarpées de la Sélune.

« Il y a un sacré nombre de chiens par ici ! », s'étonne Amar.

Après quelques minutes de quiproquos, je comprends qu'il parle des crottes de mouton. Oui. Amar a grandi en banlieue. Amar n'a jamais vu de crottes de mouton.

Depuis le début du trajet, nous marchons parfois seuls, parfois à deux. Parfois on s'attend, parfois on se perd. C'est le jeu de la relation, c'est le jeu de la vie. Souvent, les gens me demandent pourquoi je marche seule car « à deux, on se motive ! »

Oui, et on se plaint. En solo, c'est au fond de soi-même que l'on va chercher ses ressources. Toutefois, ce que je vais expérimenter à ce moment-là va remettre en cause ma vieille croyance à ce sujet.

Vers midi, sous un pin béni ombrageant un banc divin alors que tout autour de nous ne crie qu'à l'odieuse chaleur, nous mangeons nos rillettes de thon et autres mets gastronomiques des sentiers. On repart sous le cagnard. *Déjà* bien vannés, les pieds *déjà* bien compotés alors que nous avons marché à peine un tiers de la journée.

Pontaubault. Le pont ! Et de l'eau ! Nos bouteilles sont quasiment vides. Nous frappons à la première porte qui se présente. Un jeune homme tout roux et bouclé nous ouvre. Vivien.

« Rentrez, venez vous reposer un peu au frais. »

Un très gros chien nous fait la fête. Le sol est jonché de poils. Jamais je n'ai vu autant de poils à un même endroit. Amar a un mouvement de recul. Je joue l'intermédiaire jusqu'à ce qu'il ose approcher cette énorme et si enthousiaste boule d'amour.

En repartant, nous passons devant un camping à Céaux. La tentation ! Immédiatement, j'en décide autrement.

« Amar. Je te propose qu'on aille jusqu'au Mont à pied, aujourd'hui. »

Directeur d'une grande enseigne, entrepreneur, Amar a le sens du défi. C'est un des aspects que j'apprécie chez cet ami. Il fait pourtant une moue légère. Il n'est pas question ici de convaincre un investisseur réticent en sirotant un cocktail ou de gérer la requête d'un client mécontent à la caisse tranquille de son magasin. Non. Le véritable défi ici se trouve entre soi et soi.

Je continue à argumenter. Oui, c'est un challenge. Mais si on arrive à ça, on s'en souviendra toute notre vie. On *saura* de quoi on est capables.

Amar finit par accepter. Je saute de joie intérieurement. Nous avons déjà marché une bonne quinzaine de kilomètres. Il nous en reste au minimum vingt-cinq. Soit plus de cinq heures. Soit une des plus grosses journées de marche *de ma vie.*

Je me demande vaguement si je ne suis pas inconsciente d'entraîner Amar là-dedans.

Dix-huit heures. Nous marchons, suons, marchons. Le Mont est toujours aussi petit. Baie. En illimité.

Dix-neuf heures. Nous marchons, suons. Bientôt lassés de tourner et tourner dans la baie sans voir la taille du Mont changer, ni même à peine se rapprocher, nous quittons la baie pour couper par les terres, espérant gagner un peu de temps.

Vingt heures. Départementale D 75. Une de ces routes jaunes de la carte à éviter. Tant pis. Mais bientôt, nous nous consultons : la taille du Mont a changé, n'est-ce pas ? Il grandit !

Vingt-et-une heures. Le soleil est en train de se coucher sur Courtils. Nous marchons depuis plus de douze heures. Nous marchons. Suons. Marchons.

Vingt-deux heures. Le mont Saint-Michel devient plus grand. Une grosse brioche qui se rapproche. Autour de laquelle nous tournons, encore, encore. Nous n'avançons plus à quatre kilomètres-heure. Nous sommes plus lents.

Vingt deux heures quinze. Nous sommes maintenant à trois kilomètres. Nous n'essayons même plus de maintenir un semblant de conversation. Le mode « survie » est enclenché. Chaque minute qui passe est dédiée à maintenir le corps en état d'avancer.

Et à un moment donné, le corps passe un cap. Le cerveau s'arrête de penser, de se plaindre, de ressasser. C'est le signe qu'on a dépassé ses limites, celles que l'on connaît. Après ce cap, tout est possible. Tout est nouveau. Illimité.

La nuit tombée nous accueille dans la splendeur des lumières éparses de la sacro-sainte montagne. Nous nous sentons comme dans du coton. Comme dans un rêve. Au pied du mont Saint-Michel, notre traversée magique et si particulière s'achève. Une phrase me vient.

« Seul, on va plus vite. À deux, on va plus loin. »

INSOLITES TOITS D'UN SOIR

« Il y a toujours, dans les épopées du pèlerinage ou de la randonnée, infiniment plus de pages sur les haltes que sur les parcours eux-mêmes. L'événement n'appartient jamais à la marche, il est ce qui l'interrompt. »

Frédéric Gros, *in Marcher, une philosophie*, Flammarion, 2019.

Car la marche est monotone. Si on y regarde de plus près, il ne s'y passe rien. Ce qui importe, ce sont les haltes. Les étapes. Les rencontres. Les moments où l'on s'arrête.

Ce qu'une halte raconte : que le lieu soit trouvé au hasard d'une rencontre, que le marcheur soit accueilli dans une famille, un refuge jacquaire, au camping, en chambre d'hôte, à l'hôtel, à l'auberge de jeunesse..., chaque étape correspond à un moment particulier. Ouvrir sa porte au voyageur est l'un des plus anciens gestes de l'humanité. Celui qui dit : « Viens, je te reconnais. »

LA CARAVANE DES PÈLERINS

16 JUIN 2018 – BOUILLEVILLE (27)
(Paris – Honfleur)

Au cours d'un froid printemps de l'année 2018, alors que je marche en direction de Honfleur, je fais étape dans un camping équipé d'une caravane *spécialement* mise à disposition des pèlerins. C'est ainsi que cela m'a été précisé avec une pointe de fierté lors de l'échange téléphonique.

Quelques centaines de mètres avant l'arrivée, je croise un petit grand-père sur la route.

« Courage, tu y es presque ! », me dit-il avec un sourire.

Je le retrouve à l'accueil du camping, riant comme un gamin de la bonne blague qu'il venait de me faire. Le chemin, ils le connaissent bien, avec son épouse.

« Nous le faisons par petits bouts, depuis douze ans, avec deux couples d'amis », m'explique-t-elle. Rayonnante, de belles rides creusées par des années de sourires.

« Aujourd'hui, ces amis sont devenus presque plus importants que la famille », poursuit mon petit papi.

Puis, presque solennellement, ils me conduisent à la caravane « spéciale pèlerins ». Dont l'aspect extérieur me paraît un peu dater. Peu importe.

Tandis que je m'avance pour entrer, honorée d'être ainsi accueillie, je sens sous mes pieds, le craquement étrange d'un... tas de feuilles mortes. Jonchant l'entrée. Une odeur âcre de renfermé me prend à la gorge. Ahurie, je découvre de grandes toiles d'araignées pendant aux rideaux, mais aussi tissées dans le moindre recoin, jusqu'au fond de l'évier. Où se cachent donc les occupantes des lieux ? Je pose ma main sur la table pour reprendre une contenance, et la retire aussitôt, une couche de poussière noirâtre entre les doigts. La sidération est à son comble lorsque j'aperçois les petits rideaux bleus à fleurs de la chambre, parsemés de taches noires de moisi de plusieurs centimètres de diamètre.

Après avoir chaleureusement remercié mes hôtes, je tente d'ouvrir une fenêtre pour faire entrer l'air frais. Je la lâche aussitôt en poussant un cri strident. Une demi-douzaine d'insectes morts vient de me tomber sur les pieds. Blattes, cadavres de guêpes et d'araignées. Je reste ainsi quelques minutes debout à l'entrée de la caravane, figée, n'osant ni m'asseoir, ni poser mon sac, ni ressortir. Trois solutions s'offrent à moi.

Partir.

Pleurer.

Aller demander un aspirateur.

Tenant compte du nombre inexistant d'hébergements dans cette zone et de l'heure déjà bien avancée de la soirée, j'opte pour la troisième option.

D'un air pincé, la patronne fouille sa souillarde et revient avec un modèle collector ayant sûrement le même âge que le dernier ménage de la caravane. Adieu fourmis, blattes, araignées. Pour le reste, je vais m'accommoder.

MÉLUSINE

15 JUILLET 2016 – LUSIGNAN (86)
(Poitiers – Bordeaux)

À l'approche de Lusignan, petite cité justement surnommée « Ville magique » du côté de Poitiers, quelques plantes gracieuses à l'orée de la forêt me saluent. Filiformes ou arc-boutées, je vois presque leur tête dodeliner. S'incliner. De toutes les forêts que j'ai traversées depuis le début de mes pèlerinages, aucune ne m'a à ce point fait l'effet de sortir d'un *conte de fées.*

L'air est tiède, ni trop chaud ni trop frais. Un souffle doux accompagne chacun de mes pas. J'aperçois la ville, bâtie sur un promontoire relativement escarpé. Bientôt, une petite grotte abritant un ruisseau dont le chant, d'entrée de jeu, me fait de grands frissons dans le dos. « Fontaine de Cé », indique un panneau. Et une légende :

« Lorsque Mélusine rencontra Raymondin à la fontaine de Cé, il venait de tuer par maladresse son oncle à la chasse. Elle l'aida à camoufler le meurtre, puis ils se marièrent. Il accepta de ne jamais chercher à la voir le samedi. Ils eurent dix beaux enfants. Au bout de plusieurs années, Raymondin manqua à sa promesse. Mélusine prédit l'extinction de sa lignée. Peu de temps après, un de leurs fils commit une série de meurtres. La malédiction se réalisait. »

Intriguée, je sors mon téléphone, demande pardon pour l'anachronisme, et googlise « Mélusine ».

« Fée bâtisseuse légendaire, des sources et des rivières, issue des contes populaires et chevaleresques du Moyen Âge. Tous les samedis, Mélusine devient serpente, du nombril jusqu'au bas du corps. Ce sort a été jeté par sa mère, pour la punir d'avoir enfermé son père dans une montagne. »

Je relis la phrase à plusieurs reprises.

« Ce-sort-a-été-jeté-par-sa-mère-pour-la-punir-d'avoir-enfermé-son-père-dans-une-montagne. »

Je reste bouche bée. Dans une *montagne ?*

Dans le crépuscule superbe de cette fin de journée d'été, au son des criquets, je récupère les clés de la halte jacquaire au camping, quelques centaines de mètres plus bas.

« Vous allez être bien, il fait frais dans le château, vous verrez ! », me lance le patron du camping.

Comme à chaque étape où la logistique locale exige de rallonger d'inutiles kilomètres après une journée chargée, je ris jaune et traîne mes guêtres, bougonne, jusqu'à la halte.

Ce que je vois en arrivant à l'adresse indiquée me coupe le souffle. Ce n'était pas une blague. J'entre *vraiment* dans le château. Le château de la fée.

Un escalier en colimaçon pour monter. Une très grande salle aérée, avec la classique grande table en bois des gîtes d'étape. De petites chambres, petits dortoirs. Évidemment, je suis seule. Voie de Tours *forever*.

Au loin, le feu d'artifice du 14 Juillet. J'ouvre une des immenses fenêtres et m'appuie sur le rebord en pierre. C'est rugueux. De minuscules cailloux se collent à la peau de mon coude. Je les enlève un à un, au rythme des couleurs éclaboussant le ciel. La nuit est douce, sous l'œil bienveillant de Mélusine. Raymondin n'est sûrement pas bien loin. Depuis le temps, il y a prescription.

LOI DU 31 MARS 1896

19 JUILLET 2016 – SAINT-JEAN-D'ANGÉLY (17) (Poitiers - Bordeaux)

« Normalement, je suis fermée le dimanche. Mais si vous êtes à pied, je garderai l'hôtel ouvert. Pour vous. »

J'arrive ce soir-là sur le GR 655, devant un très vieil hôtel dans la Charente. Où le temps s'est arrêté. À moins qu'il n'y soit jamais arrivé. Dans ces terres reculées, je me sens proche de l'éternité.

La tapisserie de la chambre, de moquette verte, monte jusqu'au plafond. Le lit est à la fois creux et moelleux. Il n'a plus un brin d'élasticité. Quand je m'assois, l'empreinte reste. Longtemps. Une authentique mémoire de forme... d'époque.

Le papier peint à grosses fleurs orange et marron ne laisse pas un millimètre de liberté pour une quelconque autre manière de penser. Vieux stores rayés accrochés à l'extérieur des fenêtres. Pas de volets, mais des rideaux blancs en dentelle fine. Élégants. Quelques mégots usés par le temps, presque devenus blancs. Écrasés dans une coquille Saint-Jacques.

La douche est à côté du lit. Plutôt récente. Pour les uniques toilettes de l'établissement, il faut suivre le parquet grinçant du couloir aux murs rouge foncé, puis la grande rampe d'escalier, pour descendre au rez-de-chaussée.

Le bureau de la chambre est recouvert d'une épaisse couche de poussière. Je me demande depuis combien de temps cette chambre est prête. Et *pour qui.* Je me demande quelle a été la vie de cette patronne à la voix rauque, aux yeux fatigués, pris dans les épais nuages de fumée de cigarettes. Ici, même la loi Évin n'est jamais arrivée.

En sortant dans le bourg pour dîner, je lis sur la porte quelques « dispositions relatives à la clientèle ».
Article 9
Le client doit user de la chambre louée en bon père de famille (...) Sauf accord de l'hôtelier, le client ne doit pas laver du linge dans les chambres.
Article 14
Les objets laissés ou abandonnés pourront être vendus dans les conditions prévues par la loi du 31 mars 1896.

Je souris de cette confirmation de navigation entre les époques. Et m'arrête à la terrasse d'une pizzeria. Affamée comme toujours après chaque journée de marche, j'engloutis une anachronique quatre-fromages base crème. Seule concurrente que j'autorise à l'irremplaçable saumon base crème.

LA GALETTE AUX NOISETTES

27 AOÛT 2017 – LESCAR (64)
(Bordeaux – Pau)

Si le chemin de Vézelay m'a semblé plutôt étrange, voire mystique, celui du Puy surpeuplé, le premier mot qui me vient en entrant dans cette halte de la voie d'Arles en 2017 est : *pittoresque*.

Majestueusement *pittoresque*, d'un *pittoresque* tel qu'on en rencontre peu.

Dans le petit gîte de Lescar, à quelques kilomètres de Pau, portes et contours des fenêtres sont recouverts d'un jaune poussin peu courant. Des meubles en bois massif côtoient sans hésiter de rutilantes chaises en plastique vert bon marché. Les tiroirs des placards débordent de chandeliers, chapeaux de pirates avec coquille Saint-Jacques intégrée, fer à cheval, bouteilles diverses…

J'arrive en même temps que Paul et Paulette, qui m'ont interpellée depuis leur *voiture*. À première vue, ils ne ressemblent pas à des pèlerins. Et pourtant…

« On part demain, c'est notre premier jour ! »

Comme à chaque fois, après des années de gîtes déserts, je suis un peu inquiète à l'idée de cohabiter avec des inconnus. Mais Paul et Paulette m'appâtent bien rapidement en dégainant une spécialité locale de leur coin de la Creuse : la galette aux noisettes.

Nous sommes fin août. Paul et Paulette marchent en dehors des grosses périodes d'été. Le chemin est plus calme, à cette période de l'année. Paulette a déjà fait le chemin. Elle embarque cette fois avec elle son mari, un grand gaillard au rire généreux dont la paume d'une main fait environ la taille de mon visage. Je flaire chez lui un esprit gai et farceur qui se tient à l'affût du moindre interstice comique de nos conversations pour s'y glisser dedans, et, l'air de rien… nous faire marrer.

Nous sommes bientôt rejoints autour de la table par Éliane, une jolie blonde fine et sans âge, qui parle d'une voix forte avec un accent québécois à couper au couteau. Je comprendrai plus tard dans la soirée qu'elle fait en réalité un sacré effort de simplification avec nous autres, Français. C'est simple : je n'ai pas compris un seul mot de l'appel Skype qu'elle a passé depuis le canapé, et qui pourtant, je le devinais, était en français.

Éliane s'est mise en chemin au lendemain de sa retraite, alors qu'elle venait d'apprendre qu'elle était atteinte d'un cancer. Elle marche depuis plusieurs semaines avec Gordon, un monsieur très âgé qui passe sa vie sur les sentiers à sillonner la France, la Suisse, et l'Allemagne dont il est natif.

Gordon entendant très mal, Éliane en profite pour nous glisser son âge, d'un air complice. Quatre-vingt-trois ans.

Mais le clou du pittoresque revient sans aucun doute à Jean-Claude et Madeleine, le couple de très, très vieux retraités qui tiennent le gîte.

« Ce que vous êtes mignonne ! », me disent-ils en prenant place autour de la *galette-noisettes-party*.

Ils demandent ensuite à Éliane et Gordon, entre deux bouchées, s'ils se plaisent au gîte. Et s'ils reviendront. Cette question, semblant être de la plus haute importance, nous est posée à tous avec la même solennité.

Entre les blagues de Paul, les quatre-vingt-trois ans de Gordon, qui nous fait tout répéter, la fontaine québécoise de jouvence et l'accent délicieux d'Éliane, Jean-Claude et Madeleine qui nous demandent toutes les deux minutes comment nous nous sentons… Je suis bien, avec ma famille éphémère.

Nous allons nous coucher vers vingt-deux heures dans un dortoir sans prises électriques, après avoir pris une douche en équilibre sur de salutaires caillebotis qui recouvrent le sol de la salle de bains en terre battue.

LA DANSE DES MOUSTIQUES

25 JUIN 2019 – DREUX (28)
(Paris – L'Aigle – en direction du mont Saint-Michel)

Juin 2019. Direction le mont Saint-Michel. La lumière tombe. Légèrement opaque. Je cherche le signal GPS pour me repérer, mais mon téléphone ne capte plus. J'ai vu que le camping se trouvait au fond d'une forêt. À l'instinct, j'avance en ligne droite.

Autour de moi, une jungle grouillant de bestioles. Ça pullule, craque de tous les côtés. Je marche sur de petits sentiers goudronnés, dont certains très pentus reluisent malgré l'absence de pluie, comme passés au produit vaisselle. Bave de limace ?

Plus j'avance dans ce labyrinthe de bosquets serrés, plus je me sens étouffer. En apnée. Quelque chose, sur cette terre, a cessé de respirer.

« Va dans les bois pour que ta vie commence. »

C'est dans son ouvrage *Femmes qui courent avec les loups* que Clarissa Pinkola Estés, conteuse et psychanalyste, parle de la nécessité, pour toute femme, de se rendre dans les bois.

Le bois, dans sa densité, parle de la traversée de nos parts d'ombre. De ce qui est caché. Ce qui ne peut se voir qu'en reflet. Tous les bois ne se valent pas. L'atmosphère est souvent décuplée dans ces espaces sacrés. Son énergie est perceptible depuis l'orée.

Une heure plus tard, je parviens au fond de l'épaisse forêt, à l'entrée d'un curieux camping entouré de vieux panneaux défraîchis. Délimité par des grillages en fils de fer barbelés.

La rencontre s'opère avec une patronne au corps potelé, à la voix douce et usée. L'image qui me vient est qu'elle a trop parlé, trop répété. Je découvre avec stupeur que son visage est couvert de pustules. Comme si les bestioles l'avaient travaillée de l'intérieur. Pas un seul centimètre carré de peau qui ne soit boursouflé. Elle s'adresse à moi en regardant ses pieds. Progressivement, elle relève le nez quand elle voit que moi, je la regarde.

Une fois les formalités d'entrée effectuées, nous grimpons à bord d'une voiturette, jusqu'à un emplacement relativement isolé. À mesure que nous approchons, j'entends monter au loin un bruit sourd et diffus. Ces petits sifflements aigus, redondants, et tellement caractéristiques des… moustiques. Mon cœur fait un bond dans ma poitrine. Si ce que j'entends est réel, ils doivent véritablement être des dizaines. Voire des *centaines*. Je calme le scénario mental. Non, ce n'est pas possible, ça n'existe pas *en France*, ça. Pourtant, je me laisse bientôt déposer sur un carré de terre fort désert d'humains mais saturé de… moustiques-tigres.

Je les reconnais à leurs couleurs noir et blanc au niveau des pattes. À leur taille, plus grande que celle de mes petits moustiques parisiens du bord du canal Saint-Martin. Jamais de ma vie tout entière je n'en ai vu *autant* en un espace *aussi réduit*. Rapides, voraces, ils me souhaitent la bienvenue en attaquant furieusement chaque parcelle de ma peau.

Au vu de leur nombre effarant, je me lance illico presto dans un montage de tente effréné, auréolé de l'étrange sensation d'être :

– un morceau de tissu pris dans une machine à coudre sous acide ;

- une poupée vaudoue à l'effigie d'une personne à qui on a vraiment des choses à reprocher ;

- un cobaye pour un séminaire d'acupuncteurs en première année.

Suffoquant sous la vivacité de ces assauts multiples, je fonce *enfin* à l'intérieur de ma cabane légère, multipliant les précautions pour n'en laisser entrer aucun. Je reste quelques minutes étendue sur mon duvet, choquée de l'expérience, le corps entier criblé de piqûres qui, déjà, commencent à enfler et à me démanger. C'est alors que je ressens ce que personne au monde n'aurait eu envie de ressentir à ce moment-là. *J'ai envie de faire pipi.*

Mis à part quelques brefs temps de répit, je ne ferme quasiment pas l'œil de la nuit. Une étrange sirène d'incendie se déclenche vers minuit, et tourne une bonne partie de la nuit. Au loin. Plus tard, des hommes arrivent, se mettent à parler fort entre eux. Leur emplacement est assez éloigné pour que je n'entende pas leurs conversations. Assez proche pour que je sente l'alcool charger leurs voix au fil des heures. Bruits de bouteilles jetées, chiens hargneux qui aboient. Je suis inquiète, seule dans ma petite tente. Première technique pour essayer de me rassurer : eux ne savent pas qui je suis. Je m'imagine alors en Viking à poils longs, poussant un grognement terrifiant à quiconque essaierait d'ouvrir mon drakkar sacré. Cela a au moins le mérite de me faire sourire. Mais non de dormir.

Vers cinq heures du matin, épuisée, je finis par comprendre que ce qui importe véritablement n'est pas d'essayer de changer la situation ou de trouver la meilleure manière de réagir *au cas où*. Mais le regard que je pose dessus. Alors, j'ai parlé aux moustiques. Je leur ai demandé de me protéger. Ben oui. Ce sont les mieux placés. Petits vigiles à ma porte d'entrée. Et enfin, je me suis endormie.

LA MAISON EXPO

27 JUIN 2019 – LA FERTÉ-VIDAME (28)
(Paris – L'Aigle – en direction du mont Saint-Michel)

Quand j'ai appelé Lionel, il m'a expliqué que le camping était fermé au public. Il était promoteur et y construisait un village de maisonnettes en bois. Une voix claire et joyeuse. Un débit rapide. Un côté joueur. Une vraie tchatche. Il a refusé tout net que je fasse étape au camping.

J'ai mis tout mon cœur pour lui expliquer combien cette halte était salutaire pour moi, qu'il n'y avait aucun autre logement dans les environs, et que je ne voulais pas bivouaquer pendant cette longue marche. Ce qui a fini par l'amuser.

« C'est bon, arrêtez de faire votre Calimero. Venez. On trouvera un coin d'herbe pour votre tente et on dira que vous êtes une amie de la famille. »

Ou encore…

« Ma nièce ».

Ou encore…

« Une amie de ma fille Isis qui est avocate ».

Manifestement, la situation semblait *beaucoup* l'amuser.

« Voilà une nièce qui ne m'aura pas coûté cher en cadeaux de Noël ! » m'écrira-t-il lorsque nous échangerons nos numéros.

Lionel n'habitait pas en Normandie, mais Jean-Marie, le gardien, serait là pour m'accueillir.

❦ ❦ ❦

J'arrive au village de maisonnettes en construction après une journée harassante. Jean-Marie, le gardien, ouvre de grands yeux en me voyant débarquer. Je ne saurais jamais si c'était dû à :

- l'état de mon œil droit - en triple volume à cause de la canicule cette journée-là ;

- celui de mes bras couverts de plaques rouges - canicule *again ;*

- ou si Lionel avait tout simplement *oublié* de lui parler de sa nièce adorée.

C'est le jeu du chemin : on ne peut pas tout maîtriser. Mais comme j'insiste, Jean-Marie finit par décrocher son téléphone pour appeler mon zigoto. Qui répond. Et semble ravi que la situation se concrétise. Car il a trouvé *encore mieux.*

« On va t'installer dans le cottage témoin ! C'est le modèle d'expo, il sert juste pour les visites ! Tu pourras même prendre une douche ! »

Jean-Marie m'entraîne alors sur un petit chemin à travers les maisonnettes en bois. Soulagement. Je suis épatée par la tranquillité du cadre. Pleine nature, oiseaux, bruits de feuilles et de grillons. En toile de fond, une forêt.

Jean-Marie a une petite cinquantaine, un corps tout en muscles, des tatouages, la coupe en brosse, le regard franc. Il a commencé aux cottages quinze jours plus tôt. Trente ans de carrière dans l'armée, avant de revenir à la vie civile. Il a d'abord été garde-chasse de la forêt de Compiègne. Pas de télévision, juste les animaux et la nature. Puis on l'a débauché pour lui proposer ce poste.

« Quand j'ai vu le cadre, j'ai accepté tout de suite ! Les oiseaux, les cerfs, les chevreuils... Ça va te sembler bizarre, mais à force de vivre dans la nature, j'ai arrêté de manger des tomates en hiver. »

Il a aussi vécu sur un voilier pendant de nombreuses années.

« Plusieurs vies en une !, me dit-il en éclatant de rire et en me tendant une cigarette. Tu sais, quand je vais quelque part, j'ai l'attitude de celui qui veut découvrir, comprendre. »

Nous arrivons au fameux cottage-modèle-d'exposition. Depuis la terrasse, je jette un œil à l'intérieur. Cuisine dernier cri, écran plat, table massive pour poser mes affaires et préparer mon trajet du lendemain. Je découvre ensuite une salle d'eau étincelante, un matelas flambant neuf dans la chambre.

Je me sens revigorée. Cette marche est loin d'être facile. Depuis mon départ de Paris sous la canicule qui siège cette année-là, les routes sont longues. Cuisantes. Harassantes d'urbanisation. Saturées de bruits, de klaxons, de souffles de moteurs chauds. Expirations brûlantes laissant peu de place à la vie intérieure. Les mots n'aiment pas les lignes droites et les températures torrides. Ils ont besoin d'espace. D'air et de méandres. De liberté.

Dans mon cottage témoin modèle d'expo, je regarde le soleil se coucher. Cottage témoin. Comme le pèlerin est témoin. Pleinement présent, et témoin de tous les instants. Toutes les vies, toutes les humanités.

Alors que la nature éteint ses lumières, j'allume la mienne. Ah, il n'y a pas d'ampoule ! Ben oui. Modèle d'expo.

LE MANOIR

27 JANVIER 2021 – CRÉPY-EN-VALOIS (60)
(Paris – Compiègne)

Alors que je prépare mon Paris-Compiègne en janvier 2021, j'appelle une paroisse dans l'Oise au nord de Paris.

« Vous êtes vraiment bizarre, je n'ai jamais vu personne faire ce que vous faites. Vous devriez prendre le train et commencer votre marche depuis la forêt, comme tout le monde. »

Dépitée de me faire envoyer ainsi gratuitement sur les roses, je compose le numéro de la paroisse d'à côté. Répondeur. Je laisse un message. Sans grande conviction.

Mais le lendemain, surprise. Sans plus de manières, le deuxième prêtre m'envoie par texto le courriel d'une paroissienne. Que je contacte. Aussitôt.

Et qui me répond. Aussitôt. C'est « oui » pour m'accueillir.

Est-elle jeune, âgée ? Vit-elle dans un petit studio au centre du village ? En caravane, au bout d'un terrain ? Dans une grande maison ?

Au fil de ma journée, mon esprit tourmenté oscille entre doute et confiance. Je n'arrive pas à croire que cette dame, dont j'ignore tout et à qui je n'ai même pas *parlé*, m'ouvre sa porte avec tant de simplicité. Mais marche et halte sont complémentaires. Les pas monotones occupent le corps et apaisent l'esprit. Je finis par lâcher prise.

Dans ce temps « covid » comment se réchauffer ? Bars et restaurants ne font plus que de la vente à emporter. Nouveau défi. Je passe mes déjeuners dans les laveries.

J'arrive pile pour dix-huit heures à l'adresse indiquée. Couvre-feu.

Je prends quelques minutes pour regarder. Surprise, je découvre un grand domaine aux arbres bien taillés. Juste à côté, l'église. Je sonne. Une immense grille s'ouvre sur un jardin somptueux. Je m'avance, hésitante. À l'interphone, la voix se fait rassurante.

« Vous allez marcher quelques minutes avant d'arriver à l'entrée, c'est tout droit ! »

Anna ne vit pas seule au fond d'un terrain dans une caravane humide. Mais dans un manoir aux nombreuses chambres et étages, avec son mari et leur grande famille. Une vie simple et joyeuse circule. Je suis accueillie comme une reine. Au repas, je ris beaucoup, bois un excellent vin, parle spiritualité, réponds aux questions sur mes autres périples à pied que me posent deux des cinq enfants présents, dont certains ont mon âge.

Je m'endors enroulée dans une douillette couette en plumes, sous les toits du manoir. Me sentant aimée, et entourée.

« Vis chaque pas, sans te préoccuper de celui d'après. Même si tu ignores où le suivant te conduira. La vie ne t'a pas mise au monde pour te laisser tomber. »
C'est ce que semblait me dire le chemin, ce soir-là. Peut-être est-ce cela, que l'on appelle la *foi* ?

VUE SUR BAIE

23 JUIN 2022 – LE MONT SAINT-MICHEL (60)
(Le mont Saint-Michel – Crac'h)

Je m'éloigne ce matin-là par l'unique passerelle au-dessus de la mer. Le mont Saint-Michel dans mon dos. *Cloc, cloc,* font mes bâtons de marche sur le bois. Ce lieu qui était la destination d'une longue marche de 2020 est devenu le point de départ d'une nouvelle en 2022.

Des autobus bondés crachent des touristes par dizaines, quelques centaines de mètres plus loin. Tard la veille, je suis restée songeuse, accoudée à la fenêtre devant l'imprenable vue sur la baie.

Je mesure la chance extraordinaire d'être pèlerin. Ma nuit a coûté une trentaine d'euros. Pour arriver en haut, tout en haut du mont Saint-Michel, à la maison du pèlerin et découvrir, ébahie, une minuscule chambre de Hobbit. Pour une marche de Bretagne, ça se tenait.

Le démarrage est difficile. Beaucoup de fatigue accumulée sur les dernières semaines. L'impression de me traîner. Le ciel aussi lourd que mon sac. Bas et gris, sur la baie. Minuscules gouttes qui rafraîchissent mes pensées.

Je me force à m'ouvrir. Sourire. Dire « bonjour ». C'est la seule manière de me recharger et je le sais. Peu à peu, au contact des sourires des touristes, mon souffle revient. Interdépendance de l'humanité.

Dire « bonjour ». C'est la seule manière de me recharger et je le sais.

La veille, jusque tard, dans la cuisine de la maison du pèlerin, j'ai murmuré à la baie les intentions de prières recueillies sur ma page Facebook. Nommant un à un les expéditeurs, demandant à Dieu/l'Univers/le cosmos - mettez le mot que vous voulez - qu'il me permette de cheminer pour eux. Certains m'ont particulièrement touchée.
- *Besoin de courage pour une nouvelle vie*
- *Mon certificat pour être enseignant spécialisé l'année prochaine*
- *Libérer mes potentiels pour la réussite d'un projet*
- *La santé de ma mère et celle de mon oncle*
- *Rencontrer le bon garçon.*

Ultréïa !

LÉON

27 OCTOBRE 2022 – LENS (62)
(Amiens – Lille)

Dix-huit heures sonnent au clocher de cette petite église du Pas-de-Calais, en ce mois d'octobre 2022. Mes pieds fourmillent. Petites douleurs, comme de l'électricité. Pour une première journée, vingt kilomètres, c'est peu et beaucoup à la fois.

Je déplie mes jambes pour aider le sang à circuler. L'air frais de ce début de soirée s'engouffre dans ma parka, que je referme d'un geste vif. Ce matin, tôt, une intuition. Laisser de côté l'itinéraire que je pensais prendre, par une longue piste cyclable, pour gagner la grande ville par les petits villages.

Dix-huit heures. Je jette un œil à ma carte. Lens semble loin. Trop loin. Plus de huit kilomètres à parcourir pour le bivouac que j'envisage à la bordure de la ville. Je ne pourrai y être avant la nuit tombée.

Tandis que le bruit d'une tondeuse interrompt brièvement le cours de mes pensées, une sorte de grotte à côté de l'église attire mon attention. Avec une statue de la Vierge Marie. Curieuse, j'examine : ma tente rentrerait tout juste sur l'un des côtés ! Les parois de la grotte pourraient m'abriter du vent. Quel bivouac incroyable !

À quelques dizaines de mètres de là, la tondeuse s'est arrêtée. J'en profite pour aller demander à l'habitant s'il connaît l'adresse du curé. Quand même demander avant d'aller m'installer chez Marie !

J'aperçois un homme d'une soixantaine d'années. Un air malicieux, des cheveux blancs qui volent tout-fous dans le vent. La clope au bec.

« Z'avez pas d'chance, y'en a pas ici, d'curé ! », me crie-t-il depuis le fond de sa cour.

Perplexité dans mon regard.

« Vous voulez un carré d'herbe pour c'soir ? Ben j'viens juste de tondre ! Mais vous vous débrouillez pour l'repas ! »

Je souris.

« Allez, v'nez m'aider à ramasser les pommes. Ils font ça à la télé, "Nus et culottés", vous connaissez ? »

Il a un sourire simple. Quand il parle, il est comme monté sur ressorts. Son corps est agité de tas de petits mouvements.

Maison picarde en briques rouges, typique. Les mains dans les pommes, il me demande où je suis née. Lorsque j'énonce Bordeaux, un silence se fait. Il se relève doucement en se tenant les reins, et regarde en face de lui.

« T'entends ça ma Doucette ? Elle vient d'Bordeaux, comme toi. »

Il lance une pomme dans la cagette.

« Bon, s't'as faim, on ouvrira le frigo. Même si c'est pas moi, qui sais faire ça. » Il signifiait par là qu'il ne savait pas cuisiner, mais que certainement, sa femme était compétente en la matière.

Peut-être et même certainement que sa Doucette était là. Qu'elle m'a vu tirer l'po (la porte), courir chercher quelques gueugs (noix) pour le dîner. Écouter les histoires exaltées de Léon, conteur hors pair, journaliste de son métier.

Visiter à la torche à vingt-deux heures la station-service que tenaient ses grands-parents, au village. Découvrir la chambre où il a grandi. Lire Verlaine dans son livret de mariage.

Nous étions deux mais nombreux, autour de la table. Ancêtres et descendance mêlée, pour cette joyeuse soirée improvisée.

« T'rends compte, depuis quatre générations qu'on vit dans cette maison ! »

Peut-être et même certainement que sa Doucette était là. Qu'elle a souri lorsqu'il m'a montré son mur.

« Elle me disait toujours : Toi, on voit ce que tu construis dans la maison, moi, mes repas sont de suite mangés, il ne reste aucune trace ! » Alors, Léon lui a montré comment construire un mur. Le mur de sa Doucette.

Peut-être aussi a-t-elle souri lorsque j'ai finalement atterri dans l'ancienne chambre d'une de ses filles, même si c'est « pas [lui], qui sait faire l'lit'rie ».

Je repartirai le lendemain matin la gorge un peu serrée.

« Bon vent ! » écrira Léon sur ma crédenciale.

D'un pas ému, je m'éloigne. Longtemps pendant cette longue marche, les histoires de Léon me resteront.

AU CLOCHER D'UNE NUIT

28 OCTOBRE 2022 – MONTIGNY-EN-GOHELLE (62)
(Amiens – Lille)

C'est une fin de journée, un petit village quelque part entre Arras et Lille. Sous un soleil tempéré d'automne, nous marchons avec l'ami qui vient de me rejoindre ce jour-là.

Nous dépassons le mémorial national du Canada. Un immense monument d'un blanc éclatant, entouré d'une atypique forêt de pins. La majesté du lieu nous impressionne. L'émotion qui y règne, également. Des bus entiers de touristes s'y trouvent. Ce qui nous touche, c'est leur silence. Leur respect.

« Il y a un paquet d'obus encore présents sur ce terrain », nous explique le gardien depuis sa camionnette.

« Flûte, ce n'est pas là qu'on va pouvoir bivouaquer », me dis-je intérieurement.

Bientôt, nous continuons notre chemin, sans trouver le moindre coin propice à un montage de tente. Dans ces moments, les minutes deviennent heures de silence. Une petite tension avec la nuit qui commence à tomber sur cette soirée d'automne. Nous approchons d'un gros bourg.

Pour le marcheur qui cherche son bivouac, un gros bourg est souvent inconfortable : trop petit pour compter un éventuel hôtel-sauvetage-de-dernière-minute, mais trop fréquenté pour s'arrêter au hasard d'un champ au bord d'un sentier... et trop peuplé pour que fonctionne le magique lien simple ouvrant la porte pour la nuit. Nous avançons à l'aveuglette.

Et pourtant, alors que nos pas légèrement déprimés se déroulent, mon cœur fait un bond. En face de moi, tout au bout d'une longue rue en contrebas... la porte de l'église est grande ouverte.

« Je sais où nous allons dormir ! », dis-je dans un souffle complice à mon ami, le cœur battant.

Au pied de l'église, un vieux monsieur. En bleu de travail, au regard espiègle.

« Cinq minutes plus tard, c'était fermé ! », nous dit-il avec un sourire.

Dix-huit heures sonnent. Nous négocions pour dormir dans le hall. Roland finit par accepter.

Sous la grande cloche, après un salutaire coup de balai, nous installons nos tapis de sol et duvets. Émerveillés comme des enfants, nous partageons la tarte au maroilles achetée quelques kilomètres avant. Spécialité locale dont mon sac se souviendra longtemps grâce à sa si caractéristique odeur. J'enfile mon pyjama dans une des petites chapelles, et pars me brosser les dents au cimetière quelques centaines de mètres plus loin, à la frontale.

Roland nous retrouve le lendemain matin, à sept heures précises, sortant de ses poches bleues, comme un enfant malicieux, deux madeleines pour la route.

« J'espère vous n'avez pas eu trop froid dans le hall de l'église ! »

Depuis ce jour, aussi étonnant que puisse paraître ce sentiment : je me sens chez moi dans chaque église.

AIDE-TOI
ET LE CIEL...

Quand j'étais petite, ma mère, infirmière libérale de campagne, nous emmenait, mon frère et moi, dans ses tournées. Un de mes endroits préférés était le couvent des religieuses missionnaires où elle intervenait. Nous faisions nos devoirs assis à la table du réfectoire, moments bien souvent agrémentés de grands sablés au citron que certaines sœurs nous apportaient à la dérobée.

Ma première expérience spirituelle s'est déroulée en continu, tout au long de mon enfance. À l'âge de quatorze ans, je m'engageais au cœur d'un groupe de jeunes pratiquants. Leurs valeurs me plaisaient. Et, surtout, nous allumions des pétards en utilisant les cierges de l'église après la messe. Adolescence, bonjour.

À mes seize ans, rebelle, comprenant que les femmes étaient relativement exclues de la religion à laquelle j'adhérais, j'envoyais tout valser et me dédiais corps et âme au théâtre. Pour ne plus jamais revenir vers une quelconque forme de spiritualité.

Du moins, c'est ce que je croyais.

C'est à mon sens un des aspects les plus fascinants du chemin : il ne vient pas vous chercher *uniquement* là où vous le penseriez de prime abord, par exemple, sur les soucis qui tourment en boucle au quotidien. Non. Il va bien plus loin. Le chemin est en wifi avec votre âme.

Revenant à la source, il vous fera remonter les rêves avortés, les échecs et manquements, les deuils non faits, les colères enfouies, les dimensions de l'être abandonnées… Ce n'est pas toujours confortable, mais l'ancrage dans la terre permet dans le même mouvement de résorber bien des rages, d'y déposer bien des tristesses, d'y confier bien des désarrois. Le chemin, pour peu qu'on le sollicite, est un alchimiste pour nos transformations intérieures. Il n'attend que ça.

Parfois, nous nous plaignons de rentrer et de vivre un énorme coup de blues avec nos soucis qui reviennent au premier plan. Ce n'est pas grave. Nous n'étions simplement pas prêts à vivre la transformation. Nous n'avons pu emporter nos soucis dans le sac pour les aérer, pour pouvoir les regarder en profondeur et demander de l'aide au chemin. Nous rentrons, mais d'une certaine façon c'est comme si nous n'étions jamais partis. Nous avons fui au lieu d'affronter. Ce n'est jamais grave : nous repartirons encore et encore. Jusqu'au jour où nous comprendrons que le chemin doit être *associé* au quotidien, et qu'ainsi nous trouverons une voie d'élévation. Et que le véritable pèlerinage se réalise seul.

Car même si les combats intérieurs n'ont rien de confortable, c'est à l'endroit du désarroi, lorsque plus rien ne va, quand on se croit seul au monde et abandonné de tous… que quelqu'un arrive, que quelque chose se passe, que l'on nous donne précisément ce dont nous avions besoin, *in extremis*. Et ce, quelles que soient nos croyances, ou justement, nos non-croyances. Ce dont nous faisons l'expérience à ce moment-là les dépasse toutes.

Le chemin, pour peu qu'on le sollicite, est un alchimiste pour nos transformations intérieures.

JOSETTE

20 JUILLET 2015 – ÉTAMPES (91) (Paris – Poitiers)

Tandis que notre monde valorise la force, la résistance aux difficultés, le marcheur est dans un état de vulnérabilité permanente. Il tire paradoxalement de la puissance de cet état précis, qui, après tout, est en cohérence relative avec l'être humain : une créature fragile, sans poils ni dents monstrueuses pour effrayer ses adversaires.

Vulnérable, le marcheur n'a d'autre choix que s'en remettre à son corps et à ses pieds, pour avancer. Il n'a pas de voiture pour aller au supermarché « à dix minutes ». Car « dix minutes » de voiture représentent souvent deux à trois heures de marche. Il ne prendra pas d'autobus pour aller dans une ville quelconque se ravitailler, car cela le ferait dévier de son chemin.

Le marcheur est à la grâce des petits commerces de proximité, et des générosités simples. Piéton, donc fragile, il est contraint de s'ouvrir pour parfois trouver des solutions qu'il n'aurait pas imaginées au départ.

Le marcheur est à la grâce des petits commerces de proximité, et des générosités simples.

Ce jour-là de 2015, je rumine en approchant d'Étampes, un gros bourg au sud de Paris. Mes provisions sont presque terminées, je m'en veux de ne pas avoir mieux anticipé mes repas. Mon carnet de bord décline ses dernières pages vierges. Mon tapis de sol laissé à Paris pour « alléger le sac » me manque chaque nuit que je passe à grelotter à même la terre.

Je remonte la rue commerçante, à la recherche d'hypothétiques commerces ouverts un dimanche en plein mois de juillet. Car la ville suivante est Orléans. À trois jours minimum de marche. Je peste. Je vois noir. Je broie du noir.

Toute à mes sombres pensées, j'entends un bruit de grand roulement. Une porte de garage s'ouvre sur le trottoir d'en face. Devant, une dame d'un certain âge pose une pancarte écrite à la main : « Brocante chez Josette ».

À présent intriguée, je m'approche. Elle est plutôt accueillante, dans sa jolie robe à fleurs grises et blanches. Un corps mince, resté agile. De grandes lunettes sur le bout du nez, retenues par une fine chaîne dorée. Imperturbable. Elle a des faux airs de conteuse. Et d'institutrice à la retraite.

Elle me demande avec une drôle de petite voix fluette et rocailleuse ce qui m'intéresserait.

Je jette un bref coup d'œil à sa caverne d'Ali Baba. Briquets à cinquante centimes, verres à un euro, carafes, figurines, serviettes, lampes, journaux, couvertures... Elle a tout. Et la gentillesse qui va avec.

« Venez, il y a la suite à l'intérieur ! »

J'entre dans sa maison. Entre le musée et l'exposition. Des montagnes d'objets, savamment disposés sur des étagères, vitrines, placards ouverts...

« Regardez la baratte à beurre, elle appartenait à ma grand-mère ! »

À son contact, je commence à me détendre. Je sais que je suis au bon endroit. Fascinée par cette surprise.

Josette a dirigé un bar pendant plus de la moitié de sa vie.

« Tout le monde l'appelait *Chez Josette*. Quand j'ai pris ma retraite, le monsieur qui a repris a tenu deux ans. »

Elle fait une pause.

« Il n'écoutait pas les gens. Pour faire ce métier, il faut être fin psychologue. Moi, ça ne me gênait pas d'entendre leurs histoires. Et ça leur faisait du bien, de parler ! »

Deux ans. C'est aussi le nombre d'années qu'elle se donne pour vendre sa maison, et retourner vivre dans sa Bourgogne natale.

Josette me tend une natte usée en guise de tapis de sol. Puis de vieux cahiers d'écoliers presque inutilisés. Tout quadrillés à l'intérieur. Avec les tables de multiplication au dos. Inestimables trésors d'un patrimoine local.

Un tout bleu qui m'émeut, avec son écriture d'enfant. « Cahier de géométrie ». Je l'ouvre. Il sent bon les heures passées avec mon frère dans la bibliothèque d'enfance de ma mère, à chercher les vieux livres de *Fantômette* ou du *Club des Cinq*.

En sortant de chez Josette, je tombe nez à nez avec une épicerie. Ouverte.

ALINE

24 JUILLET 2015 – SARAN (45)
(Paris – Poitiers)

Au milieu des pots d'échappement et des mères de famille pressées aux caddies surchargés, je m'octroie une petite pause dans ce lieu insolite. Dans le ciel de 2015, le soleil est au zénith. Midi. Je suis arrivée. Je savoure la douceur de cette toute petite journée. Sept kilomètres à peine me séparent du camping où j'ai dormi la nuit dernière.

J'attrape dans la poche supérieure de mon sac une des délicieuses pêches plates que ma voisine de camping m'a offertes pour me remercier de l'avoir alertée sur l'odeur de cramé qui se dégageait *subtilement* de sa caravane. Croque-monsieur oubliés au four, qui allait bientôt gratiner tout le camping.

Le goût sucré du fruit dans ma bouche, tellement oublié que mes mandibules se chargent d'une acidité à m'en faire grimacer. Fruits, légumes frais : denrées rares sur le chemin. Trop délicates à transporter.

Je regarde mes pieds fatigués, boursouflés, à l'air libre. Chatouillés par les trèfles. Je me sens tellement libre et heureuse que j'aurais pu distribuer des *free-hug* au parking entier.

Déchirant une page de mon carnet de bord, je commence ma liste de courses. Pour m'être habituée aux épiceries vieillottes des petits villages, j'ai l'impression, devant l'immense centre commercial, d'être à Disneyland. J'aimerais bien trouver un nouveau tapis de sol, aussi. La natte de Josette n'isole que partiellement.

À l'entrée du magasin, la caissière m'interpelle, intriguée par mon allure. On échange quelques mots. Elle m'informe que, hélas, le magasin ne vend pas de tapis de sol. Par contre, elle en a un chez elle. Elle pourrait bien me le donner. Je reste désarmée devant sa gentillesse et propose de l'attendre jusqu'à son retour de pause déjeuner, à quatorze heures.

Elle se met à réfléchir. Quelque chose semble la préoccuper. Puis elle se lance.

« Oh, et puis on n'a qu'à faire comme dans "J'irai dormir chez vous", je vous invite à manger chez moi ! »

Elle semble elle-même étonnée de sa propre audace. Et excitée du caractère exceptionnel de la situation. Bien que je ne regarde jamais le petit écran… je remercie ce jour-là la télévision.

Arrivée chez elle, Aline propose de décongeler un morceau de sanglier ou de chevreuil. Dans le salon, des dizaines de têtes d'animaux empaillés me regardent. Ont-ils deviné que je suis végé ?

Le compagnon d'Aline est chasseur. Elle reprend.

« Je connais tous mes clients. Un jour, il passait à ma caisse avec un bouquet de fleurs à trois euros. Je lui ai dit : Je ne sais pas pour qui c'est, mais trois euros, vous ne vous embêtez pas ! Il m'a répondu "C'était pour vous..." »

Aline a une histoire avec les fleurs. Elle m'en parle d'une voix tremblante.

Son premier mari, elle l'a épousé alors qu'il était à l'hôpital, en fin de vie. Au seuil de son départ. La fleuriste lui a confié qu'elle n'avait jamais autant pleuré en faisant un bouquet.

Le temps de sa pause repas, Aline me raconte sa vie, cabossée, faite de hauts et de bas, de manques et de petits boulots difficiles. Elle a un franc-parler déroutant, avec une forme de douceur, de renoncement. Mais aucune rancœur.

Le marcheur passe. Il est pleinement présent. On peut tout lui dire. Il ne sera plus là l'instant d'après. Sa condition nomade rend les rencontres désintéressées.

En partant, Aline me tend un tapis de sol bleu. Moelleux, épais. Exactement ce dont je rêvais.

VENEZ, ON EST LÀ !

25 JUILLET 2015 – ARTHENAY (45)
(Paris – Poitiers)

Tout pèlerin qui s'aventure sur le chemin peut recevoir de la part d'une association jacquaire locale une liste d'hébergements et la fameuse crédenciale, à faire tamponner à chaque nouvelle journée passée à trotter à la surface du globe.

Consultant cette liste pour mon premier chemin de 2015, j'étais étonnée d'y trouver l'accueil « en famille ». Des volontaires laïcs ou croyants, fonctionnant au *donativo* (« donne ce que tu veux »). Mais le comble pour moi était d'y trouver « hébergements dans des presbytères et des monastères ». J'avais lu que c'était une pratique courante en Espagne, mais sur le chemin de Saint-Jacques français et qui plus est sur la dépeuplée *voie de Tours*...

Bien loin de l'imagerie du Moyen Âge et du pèlerin grelottant devant la lourde porte au fond d'une sombre ruelle, un certain nombre de monastères et d'abbayes comportent en effet un service d'hôtellerie très ouvert d'esprit. La plupart sont tenus par des congrégations suivant la règle de saint Benoît, un recueil de principes datant de l'an 530 pouvant se résumer en trois mots : travail, accueil, prière.

Pour bénéficier de cet accueil, point n'est besoin de présenter un certificat de baptême. Il suffit généralement... de réserver au minimum quarante-huit heures à l'avance. Et avec un peu de chance, vous tomberez sur un établissement gérant les réservations en ligne, directement depuis le site internet. Oubliez les *wonderbox* séjours insolites ; pour celui-ci, vous débourserez entre vingt et cinquante euros par nuit, repas et petit déjeuner compris.

Ce jour-là, je fais face au retour d'une petite colère adolescente. Je n'ai pas le cœur à bivouaquer, et le seul hébergement disponible dans ce coin est : le presbytère. Légèrement dubitative, j'appelle le Père Christophe. Qui me propose d'assister à l'office et de le retrouver ensuite.

J'arrive vers dix-huit heures pendant les vêpres, l'office de la religion catholique qui se chante au coucher du soleil.

Une petite église de campagne, des bancs ornés de gerbes de blé. L'édifice est beau, frais. Avec une légère sensation de décalage, je dépose mon sac et promène mon regard aux abords, étonnée d'être seule.

« Venez, on est là ! »

Une grand-mère en pull vert avec des lunettes toutes petites m'indique une chapelle tout aussi petite. J'y découvre quelques fidèles, regroupés, tous serrés comme pour se tenir chaud.

Je tends l'oreille pour mieux écouter les textes. Il y est question de foi, de silence et de confiance. Je sens une résonance. Avec le chemin. Toutes ces coïncidences, ces personnes qui arrivent au bon moment, m'apportant exactement ce dont j'ai besoin. La sérénité qui m'habite peu à peu. La confiance.

À la récitation du « Je crois en Dieu... » je comprends pourquoi ce texte ne m'a jamais parlé. La foi n'est pas une croyance, c'est une expérience. Précisément celle que je suis en train de faire, chaque jour sur le chemin. Ces personnes sorties de nulle part, qui m'apportent exactement ce dont j'ai besoin. Cette sensation que certaines conversations anodines contiennent des réponses aux questions que je me pose depuis des mois, voire des années.

Alors, j'ai communié. Avec les quelques fidèles, qui m'accueillent dans leur église, avec le père Christophe, qui m'a donné envie d'être présente, avec la vie, qui me protège depuis le début de cet étonnant trajet. Avec mon corps, plus solide que je ne le croyais.

Pour la première fois depuis des années, j'ai communié avec moi-même.

MÉMÉ KORNISZON

24 JUILLET 2016 – MELLE (79)
(Poitiers – Bordeaux)

Pour cette étape au presbytère, sur la voie de Tours en 2016, nous sommes cinq au dîner : cette grande tablée me réjouit, car elle se présente à ce moment particulier du chemin où, chaque matin, je sens poindre une petite tristesse d'être ainsi seule, toujours seule, définitivement seule. Les pèlerins se font rares sur la voie de Tours. Les conversations dans les villages sont pour tout dire courtes, superficielles. J'ai besoin de lien. De partage. De complicité. Remerciant le ciel pour ces partenaires de soirée, je hume longuement l'odeur du gratin de courgettes fumant, recouvert de fromage. Dans mes chemins faits la plupart du temps de pique-niques et de bricoles avalées entre deux cailloux, un repas chaud est un mets de haute gastronomie.

Le Père Daniel vit avec sa vieille maman, qui est à table avec nous. Mais sans assiette.

« Le soir, elle ne dîne pas, sinon elle dort mal », nous explique-t-il, surprenant mon regard interrogateur. Il poursuit sa phrase d'une traite par la traduction en polonais, à l'attention de sa maman.

Sans répondre, elle nous jette un regard perçant. Tout en faisant une drôle de grimace. Peut-être un sourire.

À ma gauche, Louis. Retraité belge, qui a laissé femme et enfants dans son pays. Il marche, lui aussi. Jusqu'à Compostelle. Il se donne trois mois pour y arriver.

La mémé m'observe du coin de l'œil. Sous son menton, un grain de beauté au milieu duquel un grand poil est planté. Elle semble avoir traversé les âges. Presque retournée à l'état sauvage. Après une petite hésitation, je me lance.

« Jeden piwo, proszę ! »

Elle éclate de rire, dévoilant son unique dent plantée devant. J'enchaîne maladroitement les quelques autres mots que je connais en polonais. Racines familiales paternelles lointaines.

En regardant la petite mémé, je me dis que peut-être qu'un jour, j'irai « les marcher », ces racines familiales lointaines. Peut-être qu'un jour, j'irai en Pologne à pied. Même si ça paraît démesuré. Qui sait ?

Accoudée à son bout de table, je sens la mémé raide comme du poil à gratter, mais amusée.

Le regard malicieux, elle finit par se lever, et par sortir de la pièce en traînant une patte folle dans sa jupe bleue en laine agrémentée d'un vieux pull troué. Nous nous regardons en silence. Va-t-elle nous jouer un mauvais tour ? Me rapporter la bière que je lui ai demandée en polonais ?

Quelques minutes plus tard, elle pose au milieu de la table… un énorme pot de gros cornichons au vinaigre et aux herbes. L'incontournable condiment polonais, dont chaque famille a le secret. Espiègle, elle m'interroge du regard. Je souris. Cet âge où les frontières s'effacent. Où la bienséance laisse place au roc authentique. *Korniszon*, tournée générale !

À la fin du repas, le Père Daniel me conduit dans une pièce à la literie fleurie et relativement fanée.

« Je vous laisse ma chambre, je n'ai pas eu le temps de changer les draps, ça ne vous dérange pas, j'espère ? »

Je soupire et réprime un demi-sourire. Ce chemin. Tellement bricolé. Artisanal. Sur la table de nuit, une revue en polonais. J'en parcours les titres, souris à l'enchaînement, étrange pour la Française que je suis, de toutes ces consonnes. Des « sz », « rz ». Peut-être qu'un jour, je saurai les prononcer. Qui sait ? En attendant, après cette sympathique soirée, je dors dans la chambre du curé.

ENCORE UNE HISTOIRE DE POMMIERS

14 JUILLET 2016 – LIGUGÉ (86)
(Poitiers – Bordeaux)

« Je te conseille de goûter le *Scofa,* c'est leur spécialité. »

Surprise d'entendre quelqu'un s'adresser à moi au milieu des livres et des chapelets de la boutique de l'abbaye de Ligugé, je me retourne et reconnais la petite femme brune, sportive, d'une cinquantaine d'années, qui m'a précédée toute la journée sur les sentiers au départ de Poitiers.

Isolée en moi-même, dans un monologue intérieur depuis de longues heures, comme le chemin sait parfois le provoquer, j'ai passé une bonne partie de la journée à ne savoir comment aborder cette personne, alors que tout en moi criait :

« Ne reste pas seule ! Va lui parler ! »

Elle sourit et désigne un frigo sur ma gauche. Où en effet, sont alignées plusieurs portions d'un gâteau crémeux qui m'a tout l'air délicieux. Je ne connais pas encore Louise que déjà, elle a trouvé comment m'amadouer.

Nous dînons le soir avec les autres femmes. Avec Louise et moi-même, nous sommes huit au total. On pourrait jouer la pièce de théâtre du même nom. L'ambiance, à la sororité en cette soirée de 2016, est douce et contrastée. Une dame habillée en orange, très opulente, se demande en nous faisant passer les plats pourquoi les prêtres ne portent plus la soutane en dehors des offices.

« Comment les jeunes, qui sont perdus, peuvent-ils aller les trouver dans la rue, s'ils ne les reconnaissent plus ? »

À sa droite, une de ses amies, tout aussi corpulente, opine du chef en avalant bruyamment sa soupe.

Trois autres femmes aux cheveux gris, dont une qui s'occupe de la bibliothèque de l'abbaye, complètent ce tableau. Au bout de la table, la dernière femme, toute fine et fluette, tente de gérer cette brève vie monacale dans laquelle elle ne trouve plus ni plaisirs ni repères quotidiens. Elle est en colère. Très en colère. Sa silhouette me fait penser à Josette, ma brocanteuse d'Étampes qui m'a vendu la natte et les vieux cahiers, en 2015. Une Josette qui aurait avalé un cactus.

« À vingt heures, on va écouter les chants grégoriens, tu viens avec nous ? »

Je soupire et lance un regard en direction de mes sandales plastiques roses délavées. Avec le petit poisson rayé, toujours accroché de chaque côté. Blup. Cela fait rire mes collègues de table.

« Tu sais, ça lui est égal à Dieu, ce que tu as aux pieds. »

Nous arrivons dans l'église, fraîche. Un frisson me parcourt l'échine. Je mets mon foulard sur les épaules. Les hommes, qui ont dîné de leur côté, sont déjà installés dans la pénombre.

Sur les bancs juste à côté, quelques feuilles de papier avec des couplets. Un drôle de silence plane.

Soudain, une lumière se déclenche au fond de l'église. La porte s'ouvre. D'un coup, d'un seul, dans le bruissement froissé de leurs tuniques ajustées, les moines entrent. Ils se signent rapidement devant l'autel, mus par une sorte d'urgence sacrée. S'assoient. Corps tendus, visages serrés. Silencieuse cacophonie mystique qui m'évoque un vol de corbeaux. À la fin de l'office, le même ballet en un seul souffle. Une vraie chorégraphie. Je me demande s'ils l'ont répétée.

À mon arrivée en fin d'après-midi, un frère m'a octroyé ma « cellule ». Un lit simple avec un drap propre et bien plié, une taie d'oreiller. Couverture à carreaux bleus et roses. Au-dessus du lit, un portrait de Marie avec son enfant Jésus. Un chapelet. Un rameau. Et une clé.

« C'est celle du jardin. Normalement, les femmes n'y ont pas accès, mais on fait une exception pour celles qui sont en pèlerinage. »

J'ai réprimé un fou rire. Est-ce toujours à cause de cette vieille histoire de pommiers, Adam, Ève et toute la compagnie ?

Malgré l'apparente rigidité du lieu, j'aime cette atmosphère. Accueillante. Lors de ma réservation par téléphone quelques jours plus tôt, personne ne m'a demandé ma religion. Leur porte est ouverte. Simplement.

CHRISTIAN ET CHRISTIANE

28 JUILLET 2015 – MENARS (41)
(Paris – Poitiers)

Il pleut. Encore. Depuis trois jours, depuis ma halte à Orléans, il pleut. Routes de campagne. Je vois à peine à cinquante mètres. Le circuit de « La Loire à vélo », que j'ai choisi d'emprunter à pied, est facile, mais monotone. J'ai fini par quitter ses nombreux cyclistes et couper par les villages.

Vieux moulins et lavoirs au bord des sentiers. Odeurs du passé. Un désert. Je me sens seule dans l'univers. Je suis passée dans le Loir-et-Cher.

Les poils de mes bras se hérissent lorsque les premières gouttes glacées me tombent dessus. Le thermomètre a baissé de dix bons degrés. Face au vent qui se lève, je tente un bricolage pour garder mon attirail au sec. Ma cape de pluie est déchirée depuis plusieurs jours. Elle vole au vent, inutile.

À l'intersection de deux petites routes, je regarde mon GPS. Encore trois kilomètres. Trois quarts d'heure à batailler sur le bitume glacé.

Je soupire. J'ai les pieds trempés, en compote. De nouvelles ampoules, encore, en train de se fabriquer. Le dos usé du poids du sac. Comme lors de ma traversée de la Beauce, aucun endroit pour faire une pause abritée. Je lève le nez au ciel. Après tout…

« Dieu, si tu existes, s'il te plaît, envoie-moi un abribus ! »

Je souris de ma naïveté, entourée d'un épais silence de rase campagne où l'horizon dégagé ne laisse rien présager d'autre que lui-même.

Pourtant, quelques minutes plus tard, au détour d'un chemin, une vieille cabane toute en bois et toiles d'araignées apparaît. Un cycliste trempé, tout aussi éberlué que moi, me rejoint. On se regarde. En silence. Les plaisirs du chemin sont si petits qu'ils en deviennent immenses.

Une demi-heure plus tard, je lance un nouveau regard au ciel.

« Et une nouvelle cape de pluie, tu pourrais m'aider ? »

Au numéro « cinq » d'un petit chemin qui grimpe, une dame qui profite d'une accalmie pour tailler ses rosiers me salue joyeusement. Quelques instants plus tard, un vieux monsieur sort de la maison, tout aussi hâtivement. Je me souviendrai toujours du sourire sur son visage. Comme si un événement important était en train de se dérouler. Et que pour rien au monde, il n'allait le manquer.

Je leur demande où trouver une nouvelle cape de pluie dans le coin. Pendant que nous parlons, de grosses gouttes se mettent soudain à tomber. Ni une, ni deux, ils m'invitent à rentrer.

Sitôt la porte passée, deux beaux dalmatiens me font la fête.

« Lui, il est à nous, l'autre, à notre fille. »

Chez eux, tout est vieux. Ni sale, ni poussiéreux. Juste vieux. On ouvre un paquet de galettes bretonnes avec le café.

Christian et Christiane ont plus de soixante-quatorze ans. Ils accueillent souvent des pèlerins. Ils me proposent de planter ma tente dans le jardin. Eux adorent les voyages. Sont partis au Maroc, en caravane. Hésitant sur le nom d'un village qu'ils ont traversé, Christiane me parle des mots fléchés, qu'elle fait. Pour la mémoire.

Lorsqu'elle voit l'état de ma cape de pluie, elle éclate de rire, descend à la cave, et revient avec une machine à coudre des années 1960. Elle fait une large couture pour reprendre la déchirure.

Une heure de café et de conversation plus tard, je quitte mes anges gardiens en les serrant dans mes bras.

En partant, Christian me dit à l'oreille :

« Merci à vous. Vous nous avez fait passer le temps. »

Et il me glisse sous le bras un carré de plastique, dans une poche transparente. Une nouvelle cape de pluie. Toute neuve.

Tous les marcheurs et les marcheuses peuvent témoigner. De cette magie. De cet alignement de coïncidences, de hasards fortuits, sur le chemin. Ce n'est pourtant pas l'espace extérieur qui est magique. Mais celui que nous développons à l'intérieur. La qualité, l'intensité de reconnexion à nous-mêmes, nous rend plus attentifs à la vie et à ses multiples possibilités. Notre ouverture, notre gratitude, dans ce dépouillement que nous choisissons de vivre, simplement reliés à la colonne vertébrale de nos besoins, nous font toucher l'essentiel.

MON HÔTEL EST COMPLET

30 MAI 2016 – FLEURY (80)
(Paris – Amiens)

Ce jour-là, en chemin sur la Coulée verte en direction d'Amiens, en 2016, la pluie tombe dru, sans discontinuer depuis plusieurs heures. L'eau a pénétré dans mes manches, dégouline sur mon pantalon, mouille mes chaussures. Chaque pas m'envoie un grand frisson du haut de la colonne jusqu'au bout de mes pieds. Je me sens complètement *réfrigérée*.

Ce n'est pourtant pas l'espace extérieur qui est magique. Mais celui que nous développons à l'intérieur.

Avec soulagement le matin même, j'ai repéré un hôtel pour mon étape du soir. Ce qui, au vu des espaces reculés que je traverse souvent dans ces arrière-pays, n'était pas gagné.

« Une douche bien chaude, une douche bien chaude, une douche bien chaude. »

Dans ma tête, le leitmotiv tourne. J'y puise courage et motivation.

Enfin, j'arrive au village. Soulagée, je m'avance d'un pas décidé vers l'auberge. C'est alors qu'un panneau attire mon attention. Et ma mâchoire manque de se décrocher.

Réservations hôtel, se présenter à 17 h 30.

Il est quinze heures. Lors de ma réservation sur internet, l'arrivée était écrite possible dès quatorze heures trente. La pancarte indique deux numéros à joindre en cas d'urgence.

Tremblante, j'appelle le premier. Répondeur. Déterminée, je compose le second. Répondeur.

Je regarde autour de moi. Village désert. Pas un seul café pour patienter. Deux heures trente dans le froid avec mes habits trempés. Pour attendre une chambre dans un hôtel qu'à vrai dire, je ne sens pas *tout à fait*. Avant de réserver sur internet, j'ai téléphoné. Le patron m'a annoncé qu'il était complet, tandis que le site internet offrait encore de nombreuses possibilités.

L'anxiété commence à monter : et si j'attends jusqu'à 17 h 30 pour que finalement, je découvre que l'hôtel est réellement complet ? Je n'ai rien. Aucun plan B.

En temps normal, j'aurais pu me remotiver, chercher une solution. Mais là, avec cet hôtelier que je ne sens qu'à moitié, mes habits trempés et mes lèvres toutes gercées... De lassitude, je pose mon sac sous le petit porche de l'ancien bureau de tabac aux vitres recouvertes de peinture blanc cassé, m'assois tout contre lui... et fonds en larmes.

C'est alors qu'une petite phrase monte en moi.

« Aide-toi, et le ciel t'aidera. » Je lève la tête et demande à la petite voix si elle est sérieuse, au vu de la couleur dudit ciel.

J'aperçois alors la mairie, un peu plus bas. Seul bâtiment ouvert dans tout le village. Après tout...

Les deux employées de l'accueil restent bouche bée en me voyant débarquer, les yeux tout embués, traînant de longs fils de pluie dans mon sillon. Je leur explique rapidement la situation. Je suis à nouveau à deux doigts de craquer et elles le sentent.

L'une d'elles me propose un siège, pendant que l'autre remue ciel et terre pour obtenir le numéro de l'aubergiste, faisant le tour de tous les bureaux de la mairie. Finalement, elle revient triomphante : M. le maire est parvenu à joindre le père de l'aubergiste. Qui va avertir son fils.

Elles m'offrent un café chaud pour patienter. Je les remercie pour leur sens de l'accueil. Hors du commun.

Un homme fade d'une quarantaine d'années, mince, au regard éteint, finit par arriver.

« Mon hôtel est complet. Mais puisque vous êtes là, je vais bien vous dégoter une chambre. »

Je ne saurais dire s'il réagissait ainsi parce qu'il m'avait reconnue - la marcheuse à qui il avait refusé la réservation par téléphone - ou s'il était vraiment embêté que son site internet ait vendu plus de chambres qu'il n'en avait de disponibles.

Mais il m'en ouvre une, et cela me suffit pour que je ne dépense pas davantage d'énergie à comprendre la situation.

De toute la nuit, je n'entends aucun bruit dans l'hôtel. Le lendemain, au moment de régler, l'aubergiste me fait une remise de vingt pour cent.

MES HERBES FOLLES

23 JUILLET 2016 – MONTENDRE (33)
(Poitiers – Bordeaux)

Sur des pontons légèrement avancés jusqu'au bord du fleuve, le soleil se reflète. Des cabanes de pêcheurs. L'eau circule entre les galets, dans de petites coulées qui émaillent la terre proche de la Garonne. Divers résineux auréolent cette grande aire et chargent l'atmosphère d'une odeur boisée et légère. Le soleil vient de se lever sur cette journée de juillet 2016.

Je prends quelques clichés et me mets en marche vers le couvent qui accueille une de mes dernières étapes avant Bordeaux. Un couvent qui, d'après mon GPS, semble assez isolé.

En effet. Après un long, très long cheminement au milieu des vignes, à l'aide de quelques aléatoires et mystérieuses balises du GR local, je cherche du regard un lieu paisible, ancien, de vieilles pierres. Un couvent, quoi.

J'aperçois alors un bâtiment carré. Très moderne. De grandes baies vitrées, derrière lesquelles je distingue peu à peu des dizaines de visages s'agglutiner. Soudain, une fenêtre s'ouvre.

« Oh la bouffonne, tu vas où avec tes bâtons ? »

Je regarde autour de moi. Je viens de marcher deux heures en rase campagne. Pas de doute, je suis au bon endroit. Je les trouve quand même drôlement *directes*, pour des religieuses... Une autre voix un peu plus aiguë :

« Comment tu t'appelles ? »

Encore une autre :

« Et ton nom de famille ? »

De plus en plus intriguée, j'approche de la fenêtre du rez-de-chaussée et me trouve bientôt nez à nez avec… des enfants ! Une quinzaine d'enfants et d'adolescents, entre six et quinze ans, qui piaillent, rient, sans plus savoir où donner de la tête.

« Elle sent la mer ! »

Je souris en songeant à ma crème solaire.

Presque timidement face à l'attroupement, je me hasarde : « Est-ce ici, le couvent ? »

Éclat de rire général. Non, ici c'est la maison d'enfants gérée par les religieuses.

Le couvent est un peu au-delà. Elles m'indiquent le chemin et retournent à leurs occupations. À peine arrivée devant un second bâtiment, une centaine de mètres plus loin, nouveau rassemblement d'enfants avec questionnaire d'entrée sur le territoire.

« C'est qui ? C'est qui ? »

Enfin, je frappe à la porte d'entrée. Une très belle sœur m'ouvre. Une soixantaine d'années, les cheveux blancs. Un voile, assez bas. Des habits simples. Un regard droit.

« Pas d'entourloupe possible, lit-on dans ses yeux. En ma présence, tu donneras le meilleur de toi. »

Avec un léger accent anglais, la religieuse me souhaite la bienvenue, et demande à une jeune fille de la maison d'enfants, qui est près d'elle, de me conduire au logement des pèlerins, car il lui reste peu de temps pour préparer le dîner.

« C'est la première fois que sœur Rosa me confie des clés », me dit Camille, toute fière.

Elle s'arrête net, semblant avoir oublié quelque chose.

« Attendez, je vais dire à mes éducateurs que je vous accompagne ! Je cours ! »

Quelques minutes plus tard, nous prenons un chemin qui nous conduit à l'écart de l'ensemble religieux. Au pas de course de Camille. L'urgence de vivre. Survivre.

Camille a quinze ans. Elle est chez les « grands ». Bientôt, elle partira à Bordeaux suivre une formation au lycée hôtelier. Elle va changer de foyer.

Un livre d'or. Le grand conte d'une humanité en marche.

Arrivée au gîte, je suis éberluée. Une maison spacieuse, belle et fraîche, équipée pour accueillir des personnes à mobilité réduite. Thé, café, pâtes, riz, en libre-service. D'innombrables pièces et dortoirs. En ouvrant le livre d'or, surprise.

« Merci à Laura, notre amie pèlerine, qui a guidé nos pas jusqu'ici. » Aurélie et Amélie, deux jeunes Bretonnes auxquelles j'ai indiqué l'adresse du couvent, y sont passées juste avant moi.

De tous les moments sur le chemin, celui de l'ouverture du livre d'or est l'un de mes préférés. Grand conte d'une humanité en marche.

Sœur Rosa me rejoint plus tard avec un panier sous le bras. Un repas pour moi. Elle dégage une présence bien particulière. Cette assise sereine des personnes qui parlent et agissent depuis un espace de silence intérieur. Une spiritualité rayonnante, ancrée à chaque instant.

Très vite, c'est ce dont nous parlons. 2016 est une année jubilaire. Une forme de *reset*. Un nouveau départ. Il y a des rituels. Lesquels ? La sœur me sourit.

« Il faut faire un pèlerinage, se confesser, accomplir un des quatorze actes de la Miséricorde – aider, servir, vêtir autrui, instruire, visiter les malades, être en lien avec les détenus… Et passer une porte jubilaire. Il y en a seulement six en Gironde. »

Sur les six, l'une se trouve ici. Il s'agit de la passer en priant. Avec elle. Ça résonne. Je le lui dis. Elle acquiesce.

« Même si je me suis brouillée avec la religion quand j'avais seize ans ? »

Sœur Rosa me donne rendez-vous à vingt heures quinze, après le dîner.

En entrant dans l'église, un tableau m'interpelle. C'est une apparition du Christ tel que sainte Faustine, mystique polonaise, l'a reçue. Il y est représenté entouré de rayons lumineux. M'expliquant cela, Sœur Rosa m'accueille, et se place dans le fond de l'église. Puis me propose de simplement énoncer à voix basse ou dans ma tête, mes demandes.

Je me vois discrètement joindre les mains dans ce qui pourrait être une forme de prière. Je demande de l'énergie pour mes futurs projets. De protéger ceux que j'aime. De bénir le mariage de mon cousin, auquel je me rends juste après le chemin, cette année-là. Des années que je n'ai pas prié.

Plus étonnant encore, je me vois remercier. Remercier ce qui a été, ce qui va arriver et que j'ignore encore. Je respire dans tout mon corps. Je suis une onde de joie traversante.

Lorsque je franchis la porte jubilaire une bonne demi-heure plus tard… surprise. Toutes les adolescentes de la maison d'enfants sont là. Toutes là.

« Laura ! J'ai parié, je suis sûre que tu as les cheveux super longs ! Lâche-les pour voir ! »

Tandis que je m'exécute à la demande de Camille, une idée me vient. Je lui propose de se mettre dos à moi, et fais passer mes grands cheveux par-dessus sa tête. Ainsi, elle devient rousse. L'idée a un petit succès. Elles y passent pour ainsi dire... toutes.

« Attends, arrête de bouger, je te fais une moustache avec les cheveux de la Madame ! »

Elles ont envie de parler, mais les mots leur manquent, alors elles chahutent, se chamaillent. Marcher, c'est reconnecter cette part sacrée de l'enfance où chaque rencontre, chaque parcelle d'inconnu, est vécue comme une fête.

« Comment tu fais pour pas te perdre ? Est-ce que tu as un amoureux ? Et moi je viens de Guadeloupe, tu as déjà été marcher en Guadeloupe ? C'est où, ton prochain pèlerinage ? »

Je les regarde une à une. Leurs visages sont marqués. Ils révèlent de longs chemins d'exil et d'errance. L'une d'elles est entièrement brûlée.

« Je connais l'hôtel où tu étais hier soir, on y a habité avec ma mère, pendant longtemps ! »

Pudiques, retenues, en évoquant leurs anciennes maisons. Celles d'une première vie. Mes herbes folles.

Un peu plus tard, tandis que je m'apprête à repartir, Sœur Rosa me retient un instant par le bras. Elle me demande de prier pour ces jeunes filles, si parfois, je prie. Et qu'elle priera pour moi. Puis elle s'incline simplement.

« Merci pour l'échange. Merci pour elles. »

En arrivant à mon ermitage, j'aperçois le soleil en train de se coucher. Le ciel zébré de rayures blanches. Je reste songeuse. Rapidement, je cherche sur internet le tableau de sainte Faustine dans l'église. Les rayures blanches sont disposées *exactement* de la même façon dans le ciel que sur le tableau.

TU AS LA RÉPONSE EN TOI

12 JUIN 2018 – LE BEC-HELLOUIN (27)
(Paris – Honfleur)

Le soleil est revenu au milieu de la journée tandis que je viens de dépasser Rouen en direction de Honfleur. Dans ce monastère du Bec-Hellouin, en Normandie, la vie se décale avec fantaisie. Les repas sont transportés d'un bâtiment à l'autre à l'aide d'une drôle de petite charrette.

« Elle s'appelle Cadillac. On l'a construite à partir d'un landau et d'un chariot », me dit la sœur hôtelière qui m'accueille.

Elle, c'est un ange de douceur, de rondeurs et de sourires. Elle m'ouvre une cellule immense, avec une grande cheminée et une salle de bains privée.

« C'est la plus belle. On la réserve aux pèlerins. »

Les sœurs suivent dans ce monastère la fameuse règle de saint Benoît, de l'an 530. Travail, prière, accueil. Elle est sur la table de nuit. Gros livre vert.

Après mes classiques rituels d'arrivée et un magnifique tampon sur ma crédenciale, nous nous réunissons à table. En face de moi, un couple d'anciens avocats, avec une forme de tristesse en filigrane dans chacun de leurs gestes. Il y a aussi deux Lucie. Puis une jeunette qui révise son bac avec sa copine. Sa tante était religieuse dans cette congrégation, elle aime encore venir ici quand elle a besoin de repos. Enfin Anne et Ginette.

Les hôtes choisissant visiblement pour ne pas respecter le sacro-saint silence des repas des lieux religieux, la conversation s'oriente rapidement sur le but de mon séjour. Je raconte quelques bribes de ma longue marche jusqu'à Honfleur.

Chacun dit ensuite quelques mots sur sa retraite. Ceux d'une des Lucie me touchent. Cette jeune femme blonde, très fine, de mon âge, est sur le point de se fiancer, mais elle doute. Elle est venue chercher des réponses.

Ici, la vie se décale tranquillement. Pendant les offices, certaines sœurs chantent très faux. Se plantent dans les paroles. Arrêtent toute l'assemblée. Rient. Reprennent. Pendant les silences, on entend meugler les vaches et les religieuses enrhumées se moucher. Plutôt fort.

Ici, on voit les coutures de la vie. Peu d'espace pour la représentation. Beaucoup pour l'être. Pour les êtres. D'ailleurs, le portail reste toujours ouvert, même la nuit.

Quand je rentre dans l'église pour l'office du soir, je suis touchée une nouvelle fois par Lucie. Elle est à genoux, au premier rang. En recueillement. Il *faut* que je lui parle. Un drôle de sentiment d'urgence. Ce n'est pas que je *pourrais* lui parler. C'est que je *dois* lui parler.

Peut-être qu'elle le sent aussi. Tandis que je me roule une cigarette à la fin de l'office, elle me propose qu'on aille fumer ensemble, en dehors de l'enceinte du monastère. L'autre Lucie nous accompagne.

Coucher de soleil sur le Bec-Hellouin. Nous nous installons toutes les trois sur un banc à l'orée du couvent. Face au pré des vaches. Plus loin, un âne brait saluant notre arrivée. Il est au bord d'une petite rivière au bruit cristallin, près d'un arbre couché.

« Tu connais déjà ta décision, Lucie. Il te reste à cheminer vers elle. Mais tu sais déjà tout. »

Ces mots devaient être dits. Ils sont dits par moi, mais ne sont pas de moi. C'est tout.

Un long silence accueille ces paroles. Devant le pré, l'âne et la rivière, longtemps, nous regardons le soleil se coucher dans la chaude ambiance dorée caractéristique des fins de journées heureuses.

Le soir, tard, Lucie m'écrit.

« Merci Laura. J'ai cheminé en effet, et trouvé cette réponse que j'avais… tout au fond de moi depuis le début. »

AUX HEURES PERDUES DE BROCÉLIANDE

30 JUIN 2022 – FORÊT DE BROCÉLIANDE (35) (Le mont Saint-Michel – Crac'h)

Caillasse aux pieds, rochers à escalader, plantes sauvages sur les côtés. Certaines descentes tellement raides que je les dévale assise. Il est vingt heures, le soleil commence doucement à baisser sur la bretonne forêt de Brocéliande en cette fin juin 2022.

Au fond de mon ventre, monte une angoisse sourde. Depuis plus d'une heure, je tourne autour de ce lac sans parvenir à en trouver l'issue.

Une énième fois, je regarde mon GPS. Rien à faire, il ne reconnaît pas le trajet. Ce qui m'inquiète, ce n'est pas la fatigue. J'ai plus de trente kilomètres au compteur mais mon corps est passé en « second souffle ». Il fait un avec l'effort. Plus aucune douleur. Mais une sorte de fébrilité. Qui me dit aussi : « Fais bien attention où tu mets les pieds. »

Ce qui m'inquiète, c'est que la nuit, doucement, commence à tomber. Que mes bouteilles d'eau sont complètement vides. Et que la forêt est si dense et accidentée qu'il n'est guère possible d'y bivouaquer.

Vingt et une heures. Le cœur battant, une nouvelle fois, je fais le même trajet en scrutant les balises. Laquelle ai-je bien pu rater ? Rien à faire. Je tourne indéfiniment en rond.

Tandis que je me demande vraiment comment me sortir de là. Tandis que l'obscurité s'intensifie et que mon palais sec rêve de s'hydrater. Alors que je n'ai croisé personne depuis plus de trois heures, je finis par lever les yeux vers le ciel.

Aide-moi, s'il te plaît. Je ne peux plus avancer.

Quelques minutes plus tard, j'entends un bruit au loin. Un jeune homme d'une vingtaine d'années, tout blond et tout musclé, arrive. De nulle part. Sur son VTT.

« Ah, il n'est pas facile ce coin ! Tourne à gauche au prochain rocher… euh non attends, je vais t'accompagner. »

Il enlève son casque, VTT à la main.

« Dans ma famille, on est un peu tous des aventuriers. Ma sœur fait comme toi, des grandes randonnées. Alors quand je te vois, je me dis : "Normal, la solidarité" ».

On arrive à sa voiture.

« Tu as soif ? » me demande-t-il en me tendant une grande bouteille.

« Garde-la. »

VIE - MORT - VIE

« Les vivants ferment les yeux des morts, et les morts ouvrent les yeux des vivants. »

Proverbe bulgare

Aux confins du visible, aux confins du réel, je me promène souvent. Lorsqu'on arpente la nature sauvage toute la journée, les antennes se déploient. Les sens aiguisés finissent par capter des informations invisibles à l'œil nu. Ainsi, certaines terres sont ressenties comme accueillantes, tandis que d'autres, d'une façon inexplicable, sont perçues comme hostiles. Je pourrais passer une semaine de *dolce farniente* à certaines étapes. Et installer à la va-vite mon tapis de sol dans la cuisine d'un gîte parce que l'énergie du dortoir est vraiment trop particulière.

Sur le chemin, cadavres et dépouilles d'animaux gisent parfois là, sur les bas-côtés. Si, dans ces moments-là, nous pouvons avoir envie de prendre le bus, ou le train, arrêtons-nous un instant pour respirer et faire ce choix en conscience. Vraiment, cette journée de marche en zone industrielle est-elle insurmontable ? N'en suis-je pas capable ? Ainsi, l'on développe son équanimité. Et la vie ne devient pas un ensemble de moments que l'on veut toujours bons et heureux, mais une somme d'expériences où l'on découvre la joie simple d'être vivants et présents.

Car fréquemment, quelques instants ou heures après ce «passage à vide», surgit un immense champ de blé à l'éblouissante pureté. La beauté se trouve souvent dans le contrepoint. La mort fait ressortir la vie, et la vie crée l'espace de la mort quand elle s'arrête. Nous, pèlerins, remplissons nos bouteilles d'eau dans les cimetières. Les morts abreuvent les vivants. La vie reprend, juste derrière la mort. C'est un cycle. C'est la vie-mort-vie. Les moments difficiles adviennent, pour nous aider à apprécier ceux d'après. La mort n'est jamais un arrêt mais une continuité.

UN DEUIL SUR LE CHEMIN

3 AOÛT 2015 – SAINTE-MAURE-DE-TOURAINE (37)
(Paris – Poitiers)

Depuis plusieurs jours, tandis que je marche au sud de Tours, une sorte de mélancolie m'habite, dont je ne parviens à cerner ni les contours, ni l'origine.

Je me réveille ce matin-là de 2015, agitée. Il règne dans la chambre d'hôtes où je fais étape un certain flottement. Quelque chose va basculer. Le point d'orgue de cet état étrange.

J'ai été accueillie la veille au soir par la maman du patron. Une dame blonde toute frêle, assez âgée, parlant d'une voix douce et basse. Avec un fort accent allemand et dans ses yeux, beaucoup de douceur. L'envie de bien faire.

Malgré le soin mis à la décoration, l'accueil chaleureux, quelque chose semblait figé. De la poussière. Du calcaire dans la théière. Le vide s'était installé dans les murs.

Des interstices dans la tapisserie, des bocaux de confiture maison couverts de saleté, sur lesquels le temps avait passé. Comme si à leur insu, ils étaient devenus reliques. Pourtant, sur le livre d'or, les mots témoignaient d'un endroit chaleureux, d'un accueil sans pareil, il y a quelques mois à peine.

Ce matin-là, je prends le chemin d'un pied incertain. Et pour la première fois... je tombe. Je me relève hébétée de m'être pris les pieds dans l'herbe, sentant l'épuisement dans chacune de mes cellules. Je marche sans discontinuer depuis plus de dix jours, mue par une irrésistible envie *d'avancer*.

Une demi-heure plus tard, au milieu d'un champ de tournesols sur lequel le soleil est en train de se lever, je reçois un appel de ma mère. En larmes.

« Norbert s'est tué hier en montagne. Il a dévissé. »

Autour de moi, dans la rosée matinale qui fait crisser les herbes et les coquelicots fermés, j'ai l'impression que le sol se dérobe. J'y suis. À la bascule. Vivre aussi près de soi chaque jour affine les perceptions, ouvre les intuitions.

Norbert. Une des figures importantes de mon enfance. Un doux barbu complexe, énigmatique, soucieux. Un généreux saltimbanque amoureux du cirque et de l'occitan. Et surtout, le père de ma cousine adorée, que je n'ai pas revu depuis plus de cinq ans.

Le téléphone à la main, je me sens perdue. Diluée. La nature est trop vaste pour accueillir ma peine. J'ai peur de m'y noyer. Besoin de murs pour me recueillir. D'intime solitude.

Revenant sur mes pas, je me souviens d'une halte pèlerin dont on m'a parlé, dans le village que je viens de traverser. Sans plus de formalités, expliquant brièvement le pourquoi du comment, je vais chercher les clés à l'office de tourisme et m'enferme à double tour en priant pour qu'aucun autre pèlerin n'y vienne ce jour-là. M'appuyant contre la lourde porte d'entrée en bois massif, je laisse filer l'onde de choc.

Quelques minutes passent. Je respire, longuement. Quand je rouvre les yeux, je trouve un chalet frais et accueillant. Dans un coin de la pièce, quelques provisions disposées. Revendues au prix d'achat. Les murs, d'un ocre superbe, paraissent être en *terre*. Des pierres apparentes. Au centre du foyer, une grande table en bois massif. Je découvre à l'étage un dortoir de six lits.

Je me souviens alors de ma chute ce matin au bord du chemin. À l'aube. Voilà ce qu'elle annonçait. Je réunis brièvement quelques affaires, et décide de profiter de cette pause improvisée pour aller consulter l'ostéopathe du village, et prendre soin d'une douleur à la hanche qui persiste depuis plusieurs jours.

La nature est trop vaste pour accueillir ma peine. J'ai peur de m'y noyer.

Quitter le chemin, rejoindre mon clan, ou poursuivre, aller de l'avant ? Ma famille, ma cousine a besoin de moi autant que moi d'eux et pourtant… il y a une justesse inexpliquée à rester sur le sentier. Le plus difficile, c'est de n'avoir personne à serrer dans mes bras.

Le lendemain, attablée à la terrasse d'un petit bar de village en buvant un sacro-saint café, je repère quelques dizaines de mètres plus loin un pèlerin. Au pied de l'église. Mettant mes mains en porte-voix, je lui propose de se joindre à moi. Mais monsieur décline. Il a encore « du chemin à faire ». Parce que moi, je compte les pâquerettes ? Toutefois, je demeure perplexe. Comme une impression de déjà-vu.

Le soir, arrivant au camping municipal, je reconnais le pèlerin du matin. Deux emplacements plus loin. « Le pèlerin à roulettes », ainsi que je l'ai surnommé. Parce qu'il va très vite.

Curieuse, je m'avance. Mais à peine ai-je saisi la main qu'il me tend pour se présenter, que je reste bouche bée.

Malgré les coups de soleil, la tenue de baroudeur, les années qui ont passé, j'ai déjà vu ce nez. Ce port de menton, un peu altier. Cette façon unique de parler, tout à la fois provocante et charismatique.

Il y a cette fraction de seconde où on se lance un regard appuyé. Oui, on se connaît. Mais c'est tellement improbable qu'aucun de nous ne veut y croire. Là, sur le chemin de Saint-Jacques-de-Compostelle, au milieu de nulle part. Dix ans plus tard. Son visage s'éclaire alors d'un grand sourire.

« Tu veux une chaise, Laura ? »

Le « pèlerin » à roulettes n'est autre que mon grand ami de lycée. Raphaël. Perdu de vue depuis des années.

Quelques heures plus tard, de retour sous ma tente, je prends un stylo et commence à écrire à ma cousine. À la lueur de ma frontale.

« Il y a quelques jours, j'ai appris que « Compostelle » venait de *Campus Stellae*. Qui signifie « champ de l'étoile ». Avec toutes ces âmes qui gravitent dans la même direction, oui, le ciel est sûrement magnifique, là-bas. À chaque pas, je rends hommage à ton papa. À chaque pas, je soutiens ta peine. Jusqu'au bout de ce chemin jusqu'à Poitiers, tu seras dans chacune de mes pensées. »

Dans le ciel, la lune brille haut. Fort.

En m'envoyant quelqu'un à serrer dans mes bras, je sais que le chemin me dit de rester. Que la vie recommence. Vie. Mort. Vie. Animée d'un intense sentiment de reconnaissance, j'éteins ma frontale dans la tiédeur estivale. Bonne nuit les étoiles.

PIÑATA

16 JUILLET 2016 – CHENAY (79)
(Poitiers – Bordeaux)
ET 29 MAI 2016 – OURSEL-MAISON (60)
(Paris – Amiens)

« Allez poser votre sac, et venez donc boire un coup avec nous ! »

Comme lorsque je lui ai parlé au téléphone, le ton de la patronne de cette chambre d'hôtes est vif, dynamique. N'admettant pas de réplique.

« Nous », c'est elle, son mari, et un couple de personnes âgées. J'adosse mes affaires au mur de la maison, réorganise rapidement mon chignon, et prends place sous le parasol rouge et blanc. Dans ma gorge, le jus d'orange descend, frais.

Hôtes et invités me posent les habituelles questions sur mon trajet. Tandis que j'énonce où je vais, combien de kilomètres par jour je marche, et que oui parfois, j'ai peur toute seule, mon regard se pose sur le couple de personnes âgées. Juste en face de moi.

Elle, diminuée, parle dans un souffle, avec difficulté. Comme si à tout instant, elle pouvait se figer. Presque cristallisée. Lui, plus vif, en mouvements fluides et spontanés. Attentif à chaque mot de sa bien-aimée. Célébrant les instants de vie encore présents.

Je me souviens du printemps de cette année 2016. J'allais du côté de Beauvais. Au bord d'une route déserte, un petit tas de plumes avait attiré mon attention. C'était une minuscule mésange, qui respirait avec difficulté.

La trouvant un peu assommée, je lui avais donné le surnom de « Piñata ». Pour rigoler. Et l'avait prise avec moi. C'était une journée grise et pluvieuse, à l'écart des habitations. Je lui donnais à boire pendant les pauses puis la remettais au chaud. Dans un petit creux de ma cape de pluie orange fluo, je lui avais fait un nid avec des herbes. Elle se blottissait contre moi. Juste devant mon cœur. Tellement sonnée qu'elle n'avait même pas peur.

« Tiens bon, Piñata, on va s'occuper de toi. »

Sa présence me faisait oublier la pluie, mon pantalon trempé et plein de boue, mes chaussures éponges. Je l'aimais déjà, ce petit oiseau.

Puis il y eut ce long moment où je marchais en silence, habituée à sa fragile et discrète présence. Concentrée sur le trajet, j'avais cessé de lui parler.

La sortant de mon imper plus tard dans la journée, je vis avec stupéfaction qu'elle ne tenait plus toute seule. Sur le côté, sa tête tombait. Elle respirait de plus en plus lentement. De plus en plus difficilement. Son bec s'ouvrait et se fermait laborieusement. Cherchant l'air. Dans ma main, je sentais sa fragilité qui s'abandonnait, ses plumes douces et sa carcasse qui se fatiguait encore à chercher la vie qui fuyait. Elle me donnait ce qu'il lui restait. Nous étions liées.

Partant à la bascule des mondes, j'étais désignée pour l'y accompagner.

Il n'y avait plus rien à faire qu'à être présente. Je chassais les larmes qui montaient, pour être pleinement disponible.

Puis plus rien. Le dernier souffle. C'était fini. La vie était partie. Je contemplais le petit corps inerte reposant dans mes mains. La gorge nouée. Pris un de mes bâtons de marche pour creuser. Pleine de gratitude, je mesurais ce cadeau qu'elle m'avait fait. De me choisir.

J'enterrai Piñata sur le côté du chemin. Les mains jointes en union de prière. Avec tous les oiseaux de la Terre.

« Laura, je vous ressers ? »

J'essuie discrètement la larme qui descend le long de ma joue et tends mon verre. Et nous regarde, fragiles passagers d'humanité. Prenant soin les uns des autres. À chaque instant.

ESPRITS DU CHEMIN

25 AOÛT 2017 – HAGETMAU (40)
(Bordeaux – Pau)

J'arrive ce soir-là d'août 2017 et pour ma plus grande joie, je suis en solitaire, dans un gîte du sud-ouest de la France, sur un chemin très fréquenté. Avec machine à laver et sèche-linge intégré.

Si on met de côté l'aspect peu pratique consistant à devoir *râper* son savon de Marseille au couteau pour fabriquer un hypothétique semblant de lessive, je songe au premier abord, en étalant mes affaires sur l'immense table en bois de la cuisine, que je viens d'arriver dans un *quatre-étoiles* du chemin.

Les chambres sont petites et sympathiques, cosy. Nombreuses évidemment. Halte bon marché, la nuit coûte cinq euros cinquante.

Rustique, artisanal, pratique, bricolé, le gîte se présente comme je les aime. Rien de prétentieux, tout fonctionnel. Rien d'immense, tout généreux. Rien des dortoirs sans âme qui, paraît-il, peuplent fréquemment le *camino* (surnom donné au chemin en raison justement de sa partie espagnole) en Espagne dans une étrange forme d'industrie.

Rien à voir non plus avec le dortoir vitrine dans lequel je me suis retrouvée l'année précédente en plein centre de Bordeaux, où les box non fonctionnels en placo portaient le nom de grands crus locaux, à côté d'indécentes « Cuvées du pèlerin » exposées en boutique et coûtant le prix de quatre nuits sur le chemin. Pèlerin en expo. Business *camino*.

Cette fois, une cour immense et un grand banc m'attendent devant le gîte. D'humeur joyeuse, je savoure ma tranquillité en allumant une petite cigarette.

À l'approche de la nuit, mon *quatre-étoiles* se révèle étrangement « chargé ». Une énergie que je n'ai pas perçue à mon arrivée. J'ai du mal à m'endormir. J'entends dans la pièce comme une sorte d'onde radio, avec ses coupures basses, et ses fréquences. *Une radio du camino* ? La blague ne parvient pas à me rassurer. Sans toutefois pouvoir donner une forme à ce bruit, ni le percevoir visuellement, je l'associe à une couleur. Un étrange vert fluo.

Quatre heures du matin. Je me réveille d'un bond, en sueur, poussant un cri strident. Paniquée, je mets plusieurs longues secondes à trouver l'interrupteur de la lampe de chevet pour enfin, dans la chambre éclairée, recommencer à respirer.

Dans mon rêve, je dormais paisiblement enlacée à mon compagnon, quand soudain, je m'apercevais que ce n'était plus lui... mais un fantôme. Je sentais très précisément une présence agglutinée contre moi, et me rendais compte au fur et à mesure de mon rêve qu'elle ne se trouvait pas dans l'espace-temps du *sommeil,* mais qu'elle était bien *réelle*. Dans ce gîte.

Ce que j'aurais donné à ce moment-là pour ne pas être seule, dans une immense maison, à une demi-heure de marche du premier village.

Bricolant rapidement un stylo-lampe, offert par une hôte, pour maintenir le bouton « *on* » enfoncé avec un morceau de scotch, je termine la nuit cramponnée à ma veilleuse improvisée. Au petit matin, les piles sont vides.

RENÉ

26 AOÛT 2017 – POMPS (64)
(Bordeaux - Pau)

Depuis toujours, René, un gaillard filiforme d'une soixantaine d'années assis en face de moi à la tablée matinale de ce gîte pèlerin, dort mal. Il évoque son problème d'une voix fatiguée. Même le chemin ne parvient pas à régler ses insomnies.

« Je n'arrive pas à me projeter dans le futur », nous confie-t-il en avalant une gorgée de café dans un grand mug blanc en porcelaine.

René travaille dans les Renseignements Généraux. Il est parisien. Il me demande si nous pouvons échanger nos numéros et nous revoir à Paris. Mais son métier l'oblige à changer de téléphone tous les six mois. D'un sourire gêné, il m'explique que, pour cette raison, il ne peut conserver aucun numéro. Tous les six mois, la mémoire s'efface.

J'accepte. Sans savoir pourquoi, alors que je ne revois presque jamais les personnes du chemin, en 2017. Mais maintenant, il ne sait plus comment faire d'un point de vue pratique. Est-ce que j'entre mon numéro dans son téléphone ? Est-ce que je le bipe ?

Il n'a aucun contact dans cet appareil, ni aucun mail d'ailleurs.

« Une existence de fantôme », me lâche-t-il dans un soupir.

Finalement, il me bipe et c'est son propre numéro que je lui dicte, et qu'il note sur sa crédenciale, au lieu du mien. Je mesure toute l'incohérence de la situation et sens pourtant qu'il ne faut rien y ajouter.

Ce n'est pas moi que cet homme a besoin de rencontrer, mais lui-même.

OUI, JE VEUX CONTINUER

25 OCTOBRE 2017 – VILLENEUVE-SAINT-GEORGES (94) (Paris – Fontainebleau)

Fontainebleau est une ville connue pour sa forêt, et surtout pour son château, qualifié par Napoléon Ier, qui le fit entièrement rénover, de « vraie demeure des rois ». Toutefois, mon chemin pour y parvenir sera d'une teneur relativement différente de la tonalité « royale ». Car si Paris-Creil m'a marquée à l'hiver 2017 avec ses cités et ses effluves de précarité, si les Landes sont passées juste après, je comprends rapidement sur ce chemin qu'en réalité... je n'ai encore *rien vu*.

Je sors ce jour-là de Paris en longeant une Seine marron, trouble, à la surface de laquelle flotte un nombre incalculable de déchets, de chaussures, d'oiseaux morts et de pourritures.

Le fleuve semble me dire : « C'est pas *joli joli*, ce trajet, tu es sûre que tu veux continuer ? »

Je passe sous d'immenses ponts d'autoroutes, abritant des *no man's land* de matelas et de fauteuils éventrés, maculés d'urine et d'auréoles brunes aux odeurs écœurantes, qui trônent sur des palettes de fortune devant des cabanes défoncées. Des feux de camp lointains agrémentent l'air d'odeurs d'essence et de fumée. J'évacue l'angoisse à coups de grands pas.

« Tu es sûre que tu veux continuer ? », me dit encore le chemin.

Arrivent alors les voies parallèles au périphérique, aux autoroutes. Des poids lourds lancés à toute allure me frôlent presque en ébranlant le sol jusqu'au bout de mes bâtons. Le piège dans lequel je me suis fourrée exhale leurs souffles chauds. Jusqu'à présent, j'avais toujours réussi à éviter ces axes dangereux. J'y suis à présent pleinement exposée, sans *aucun* autre plan B que la confrontation et la foi en ma bonne étoile.

« Et là, encore, tu es sûre ? »

Je traverse le deuxième jour des terrains vagues en continu, des décharges d'appareils électroménagers rouillés, à proximité de maisons sans toit dont les murs calcinés portent les traces d'incendies mal gérés. J'ai de la poussière jusqu'aux genoux, le goût d'un drôle de sable poisseux dans la bouche. Et cette odeur terrible, de puanteur et de misère, qui vous prend aux tripes et vous donne la nausée.

À la tombée de la nuit, je distingue des chaussures accrochées par les lacets aux fils des rares éclairages publics, tandis qu'une jeune femme à la peau brune et aux mille bracelets et jupes colorées, poussant un landau sans bébé, me dévisage étrangement. Nous nous retournons. Et nous nous regardons. Longtemps. Car plus marquant que tout, je côtoie les êtres qui vivent là, dans le plus total dénuement. Des êtres au regard creux et vide, qui errent aux frontières de la vie.

Et même au cœur de cette déchéance, la seule phrase que je peux prononcer face à cet étonnant chemin que j'emprunte est encore…

« Oui, je veux continuer. »

TU PEUX RACONTER MON HISTOIRE

25 JUIN 2022 – CHAUVIGNÉ (35) (Le mont Saint-Michel – Crac'h)

« J'avais peur que tu sois déjà partie ! Je voulais te dire au revoir. »

Je sursaute et lâche le tube de Super Glue avec lequel je tentais une matinale et laborieuse microchirurgie de lampe frontale. Huit heures du matin. Je ne pensais pas trouver de la compagnie dans la salle commune de ce petit camping breton, du côté de Rennes, en 2022.

Lui, c'est Michel. Un grand gaillard au regard doux derrière ses lunettes écaille. La veille, tandis que je sortais de ma tente sous une fine pluie pour fumer une dernière cigarette, il m'a invité avec son ami à trinquer au café du village.

Ils sont tous deux résidents au camping. À l'année. Pour Michel, c'est depuis que sa femme l'a quitté. Et d'autres épreuves de vie. Il tire le siège en face de moi et s'installe.

« Ce que tu fais avec ta lampe, c'est un peu ce qu'ils ont fait avec mon cœur, il y a seize ans. »

Longtemps la veille, il m'a raconté la greffe qu'il avait supportée.

« Ils m'ont appelé au milieu de la nuit, j'ai pris ma voiture, foncé à l'hôpital. J'ai juste dit à mon ex-femme : Si je ne reviens pas, dis aux enfants que je les aime. »

Le lendemain, quand il a rouvert les yeux, ils étaient derrière la vitre. Ses enfants. Je lui demande si parfois, il pense à la personne qui lui a donné son cœur.

De sous ses habits, il sort un pendentif. En forme de cœur. Gravé dessus, je lis : « Tu revis en moi. » Au dos, la date. 14 / 09 / 2006.

« C'est rare que je parle comme ça, tu sais. Les gens ne comprennent pas toujours. Mais toi, j'ai eu envie de te parler. »

En silence, nous nous sourions. Je tente un dernier assemblage pour ma frontale. Clic ! L'armature en plastique est réparée. Hourra !

« L'espérance de vie d'un transplanté cardiaque est de quatorze à seize ans, en moyenne. J'entre dans ma dernière année. Laura, tu écris, des fois, pendant que tu marches ? »

J'opine du chef.

« Tu peux raconter mon histoire. »

LES MARCHES DÉDIÉES

Quand on atteint un niveau d'addiction tel que le mien, il y a un moment où nécessairement, il y a besoin de prétextes pour aller marcher. Alors, ça a commencé en 2016, comme un jeu lancé par mon amie Cécile.

Si vous êtes fâché avec quelqu'un, ou que vous vous sentez éloigné, ou que vous avez simplement envie de lui dire que vous l'aimez : partez à pied de chez vous et allez lui rendre visite. Vous aurez le temps de marcher avec toute votre colère, tristesse ou déception, de la transmuter en une affection profonde et sincère pour cette personne, ou en un hommage spécial pour ce qu'elle est et ce qu'elle représente d'unique à vos yeux.

Marcher vers quelqu'un que l'on connaît, c'est une façon de lui témoigner notre amitié. Une façon de réparer, si quelque chose s'est trouvé cassé. Dans le lien. C'est avancer vers elle. Mettre la relation en mouvement. C'est surtout une façon de dire : « Je t'aime, je te rejoins là où tu es, et c'est parfait. »

CÉCILE

4 JUIN 2016 – AMIENS (80)
(Paris – Amiens)

« Chiche que tu viens à pied chez moi pour ta marche de printemps ? »

Quand mon amie Cécile, juriste et artiste de son état dans la belle ville d'Amiens, me lança le défi pour ma troisième longue marche depuis Paris en 2016, je souris. Et commençais illico presto à jeter un œil sur le trajet.

C'était faisable. C'était carrément faisable. À vrai dire, je m'apercevais que *tout* était faisable. Que si j'en avais la volonté, un brin de créativité et une confiance totale, je passerais à pied.

À l'image du printemps, j'imaginais cette marche fraîche et bourgeonnante, emplie d'une énergie de renouveau, de renaissance. Ce que je ne savais pas encore, c'est qu'elle serait inégale comme la saison, d'une impertinente et capricieuse beauté. À me faire grelotter, tapie au fond de mon duvet, avant de m'imposer, deux jours plus tard, de mettre de l'indice cinquante sur mon visage écarlate. Le printemps n'est pas une saison pleine et franche : c'est une transition, un chemin vers la stabilité de l'été. Il est fait de progressions et de points d'arrêts, voire de reculs.

Quelques mois plus tard, pari relevé. Quand je sonne à Amiens chez mon amie Cécile, je suis d'abord accueillie... par son appareil photo. Et véritablement *mitraillée*. Moment immortalisé, après sept jours de marche et cent cinquante kilomètres depuis Paris.

Cécile m'accueille comme elle sait si bien le faire : attentive, attentionnée, pleine de gentillesse. C'est une pâtissière hors pair. Un thé fumant et de délicieux petits gâteaux marbrés m'attendent au coin de la cheminée. Je sors les photos, les anecdotes. Dire que tout a commencé il y a quelques mois, avec cette petite phrase lancée comme une boutade.

Avalant une gorgée de thé, bien au chaud après cette aventure, je prends conscience du sens qu'il y a, pour moi, à lui raconter cette marche. Cécile connaît les lieux par lesquels je suis passée. C'est son territoire. Sa terre. Je sais que désormais, quelque chose d'unique nous lie, même si nous ne l'avons pas vécu ensemble.

E.L. : LA PRISON

MAI 2017 – REIMS (51)
(Paris – Reims)

Un été, j'étais accueillie par une religieuse qui me parla longuement d'une association qui proposait de correspondre avec les prisonniers. Je tendais l'oreille, car régulièrement, en traversant les étendues illimitées, se posait pour moi la question de la liberté. De ceux et celles qui en étaient privé.

C'est ainsi que j'en étais venue à échanger des lettres avec E.L., détenu dans une maison d'arrêt dans le nord de la France. Je pénétrais avec les mots cet espace clos, tabou, secret, théâtre d'ombre de l'humanité.

« Écrivez de toutes petites choses. Un rien pour nous est immense pour eux. »

Je pensais parler du vent, de l'infinité des espaces dans lesquels je marchais. Mais c'est un microscope que ma marraine de l'association me proposait.

Je me souviens de l'arrivée de la première lettre de E.L.

« Paris a l'air beau dans vos écrits. J'aimerais pouvoir le voir. »

Je pensais lui transmettre la liberté. Il m'a appris à regarder. Une à une, j'enlevais les étiquettes de ce que je connaissais. Les mots pour raconter le monde étaient usés. Il fallait les réinventer. Me laisser toucher au cœur par la couleur des fleurs.

Alors, j'ai fait ce que je savais faire de mieux. Je suis partie marcher. Depuis Paris qu'il avait envie de voir et où je vivais, jusqu'à Reims, où il était né. C'était au printemps 2017.

Une marche comme une dédicace à sa liberté.

Bucolique, le canal de l'Ourcq. Puis la Marne et ses bateaux, la Marne et ses oiseaux. Rapidement, je me rends compte que le printemps bat un plein éclatant qui ressemble à celui d'un été. Les températures avoisinent les trente degrés. Rapidement, je me rends compte que je me traîne. Véritablement.

Je me perds au milieu d'ornières, d'eau, de flaques marécageuses, de bois mort, d'herbes trop hautes. Fais demi-tour. Reviens à ma route, les pieds pleins d'ampoules et le moral au plus bas. Je traverse des zones industrielles aux magmas incertains de boue, d'épaves de moteurs et de canettes de bière rouillées. Préservatifs usagés sur les bas-côtés. Odeurs d'urine et d'essence.

Je songe à E.L., dans sa cellule de neuf mètres carrés qu'il partage avec deux autres détenus. Aux toilettes à même le sol dans un coin de la cellule, à l'organisation au bon vouloir de ses compagnons pour que chacun puisse, à son tour, marcher trois pas. Au racket sur lequel les surveillants ferment les yeux. Aux rats grouillants et aux punaises de lit qui se gorgent de son sang à peine la nuit tombée, et se dissimulent dans chacune de ses affaires. Quel homme, quelle femme peut avoir envie de se racheter quand il est traité comme un esclave à qui l'on retire progressivement toute parcelle d'humanité ? Ce système de justice qui ne dispose hélas que de très récentes et fragiles alternatives pénitentiaires au rouleau compresseur de la culpabilité.

Ce soir-là, tout en pensant qu'il y avait certainement un parallèle entre l'enfer des conditions d'accueil des centres de détention français et cette marche éprouvante, j'attrape un chemin au fond d'un petit village du côté de Château-Thierry. De nouveau, les herbes m'arrivent à la taille, des moucherons m'entourent par centaines, des taons m'attaquent. À cela s'ajoutent des flaques, des toiles d'araignées. Hargneuse, j'évolue dans un espace quasi impraticable qui commence à sérieusement m'irriter.

Jusqu'à ce que l'abbaye apparaisse. Sublime et éclatante. Victorieuse. Tout en haut d'une colline. Je suis arrivée.

Les religieuses m'accueillent dans un grand hall frais et clair, avec leur habituelle sobriété bienveillante. Elles me parlent de l'ordre cistercien auquel elles appartiennent depuis qu'elles ont prononcé le vœu de vivre selon la fameuse règle de saint Benoît. À la différence d'autres congrégations, celles-ci ne sortent jamais.

« Vraiment jamais ? », demandais-je par acquit de conscience.

« Vraiment jamais. »

J'apprendrai plus tard que pourtant, une petite exception a été faite... (et même *quatre*).

Traditionnel repas du soir à l'abbaye. Rencontre avec deux vieilles dames du Nord, Yvonne et Suzon, un accent à couper au couteau, une Suzon plus effacée, une Yvonne à mourir de rire… Quand je dis à cette dernière que j'espère avoir, à son âge, la même patate qu'elle, elle me dit d'en reprendre, des patates ! Oui. Nous mangeons du gratin dauphinois.

De l'autre côté de la table, un couple qui voyage avec un âne, faisant la route des abbayes.

Et en face de moi, François. Tout chauve. On dirait un curé. Il a de ces yeux infinis qui tracent bleu droit dans l'âme. Plusieurs fois, je baisse le regard. Troublée. Cet homme ne me laisse pas *totalement* indifférente. Cette façon qu'il a de me fixer…

François a réalisé l'exposition photo « reflets de l'eau » de l'abbaye. Je lui touche deux mots de la présence quasi quotidienne de la Marne depuis mon départ de Paris.

Plus tard, il me répond, en m'invitant dans sa chambre pour regarder le catalogue de l'exposition, qu'une rivière, un fleuve, symbolise à la fois le passé, le présent et le futur.

« Le passé qui coule », ça vient d'en haut. Le présent, c'est moi, le témoin qui regarde couler la rivière. Le futur, c'est là où elle se rend. Je garde l'image pour l'envoyer à E.L., dans un prochain courrier. Peut-être que ça lui parlera ?

François est connecté à la nature, aux ressentis. Hypersensible aux énergies. Il organise des stages de photographie contemplative dans le Jura. Depuis peu, il est également « passeur d'âmes ». Devant mon air interrogatif, il me précise qu'il accompagne les personnes en fin de vie, au moment de la transition vie-mort. De la bascule.

Après le repas, je prends part en sa compagnie aux complies. Pendant l'office, une intention de prière est adressée pour l'Église protestante, une autre pour les frères musulmans qui commencent le Ramadan…

« Tu as entendu, toutes ces voix de *jeune fille* magnifiques ? », me dit François en sortant de l'église.

Il m'apprend alors qu'il a enregistré un disque avec elles.

Car François-aux-beaux-yeux-bleus n'a rien d'un être de lumière totalement éthéré suspendu entre les galaxies et parlant aux étoiles. Enfin, *si*, mais *pas que*. Non, car en plus d'être photographe, passeur d'âme, et musicien à ses heures perdues (et vu l'homme, j'imagine qu'elles ne sont pas nombreuses), François est AUSSI ingénieur du son.

Lorsqu'il leur a proposé l'idée, les religieuses ont mis plus d'un an à se décider. Il fallait que ce projet ait du sens, pour elles. Elles ont finalement accepté. François a même obtenu l'autorisation de la mère supérieure… de faire sortir quatre sœurs. Pour qu'elles enregistrent en studio. Oui !

Décidément, j'aime bien la présence de cet homme circulant entre les mondes avec une simplicité déconcertante et le cœur comme un grand *chamallow*. Il est réconfortant, et cela fait du bien sur ce chemin qui n'en finit pas de surprises et de fatigues.

Alors que je marche en union de pensée avec E.L. dont l'emprisonnement est forcé, j'en découvre une autre version grâce à l'engagement des religieuses envers la règle de saint Benoît : l'enfermement choisi. Volontaire. De celui qui s'isole du monde pour mieux l'accueillir et le comprendre. Dans une intention de soutien et de paix.

Le lendemain matin à l'aube frissonnante, sans tabou, sauvages au milieu de la nature sauvage, des mots arrivent par dizaine et se déversent dans ma tête et à travers mes paroles. Je suis à présent bien loin du cabinet propre et rangé, du divan de Docteur Freud. Loin de nos conversations polies et maîtrisées. Remonte alors en moi une colère ancienne, logée dans des zones archaïques de moi-même, que seule l'immensité de ces espaces non civilisés, étouffants et embroussaillés, peut tout à la fois accueillir et déclencher. J'ai ouvert la boîte de Pandore.

Une énorme crise de larmes éclate alors. Elle vient de loin, de si loin. Je pleure en marchant, je pleure en m'arrêtant, je pleure en riant, en soupirant, je pleure en cherchant ma direction sur le GPS. Je pleure tant que des gouttes de pluie me tombent dessus alors que le ciel est intégralement bleu. Et même *ça*, ça ne me dérange pas. Je pleure avec un tel soulagement que même le plus irrationnel des incidents ne peut avoir d'effet sur moi.

Je pleure parce que je mets le doigt sur une colère qui m'habite depuis toujours, je pleure avec ma petite fille intérieure sur un très gros chagrin d'enfant.

Sous mes pieds, le sol se déroule, imperturbable. Solide et fiable. Je m'y ancre, pleinement consciente de la nécessité de ne pas me laisser submerger. Je défriche mes territoires les plus sombres. Une colère qui n'est d'ailleurs peut-être pas seulement mienne, mais voix d'une lignée entière de femmes blessées, trahies, écorchées.

« Walk your talk », disent les Indiens. « Marche ta parole. »

Dédiant ma marche à E.L., né à Reims et détenu dans une maison d'arrêt dans le nord de la France, je libère aussi ce qui depuis trop longtemps, en moi, était enfermé.

Par la suite, je raconte son histoire à lui, E.L., aux personnes que je rencontre. Pour lui offrir la possibilité symbolique de se libérer. De se pardonner. Il ne faut pas sous-estimer le pouvoir des mots. En remettant dans le flux de circulation de la vie une histoire bloquée, sombre ou vécue comme honteuse, c'est l'humanité tout entière qui pardonne. Et ainsi, guérit.

ARTHUR

8 FÉVRIER 2020 – PUTANGES-LE-LAC (61)
(Argentan – Flers - en direction du mont Saint-Michel)

Argentan, petite ville de Normandie. À peine descendue du train, reprenant le chemin où je l'avais arrêté à l'automne 2020, je me gèle jusqu'au bout des doigts. Je frissonne et cherche frénétiquement mes gants dans une des nombreuses poches de mon sac.

Sous les regards interrogatifs, contemplatifs, envieux, intrigués des autres passagers, je quitte bientôt le grand parvis de la gare d'Argentan. Une petite départementale à la sortie de la ville me met ostensiblement sur la route de Putanges-le-Lac.

C'est mon quatrième hiver sur le chemin. Je pars trois jours. Davantage, et l'intériorité serait abîmée. L'hiver est une saison de veille.

Progressivement, le corps se met en mouvement. Démarrage difficile. Mon sac, pourtant léger sans matériel de campement, produit de petits couinements à chaque pas. Je réajuste mon écharpe pour la seconde fois. Engoncée dans ces vêtements et protections nécessaires pour l'hiver, je me sens souvent à l'étroit. Coupée de la Terre-mère.

Étourdie au milieu des champs déserts aux rares arbres dénudés, j'entends mon souffle chaud trancher l'atmosphère glacée. L'hiver est frontal. Rien ne lui échappe. C'est un face-à-face de l'être dans le miroir de son squelette. La nature s'est démaquillée. La nature s'est déshabillée. Elle semble morte, éteinte. Mais je connais son secret. Pour avoir marché au printemps, en été et en automne, je sais que la roue va tourner. Qu'il s'agit d'une simple question de temps.

Pour cette nouvelle marche, je ne suis pas seule. Il y a dans mes pas l'émotion d'une maman qui n'a pas pu tenir dans ses bras son petit enfant vivant. L'immobilité du chagrin, l'injustice du destin interrompant à cinq mois la grossesse de mon amie Caroline. La douleur de ne pouvoir enterrer ce bébé mort-né, ni de l'inscrire sur le livret de famille. Ce deuil impossible à entamer. Difficile à comprendre pour la société.

Bientôt, mes pas feutrés sur le sol roide trouvent un rythme cadencé sous la pluie fine qui commence à tomber. Je m'arrête pour rapidement engloutir ma salade de thon en conserve sous un abribus glacial.

En fin de journée, tandis que je me dirige vers mon étape – une famille dont les coordonnées m'ont été données par l'association des miquelots (les pèlerins du mont Saint-Michel) –, une minuscule chapelle m'interpelle.

Intriguée, je m'avance sur le petit sentier de cailloux blancs qui mène à l'entrée. Contrairement à bon nombre d'églises et de chapelles de nos jours, la porte de celle-ci n'est pas fermée à clé. Je soupire de soulagement. Une maison de passage !

Je dépose mon sac à l'entrée, contre un petit meuble dans lequel l'agencement des produits d'entretien semble défier les lois de la gravité. Accusant le poids de mon bagage, l'étagère chancelle légèrement, puis se rétablit.

Il flotte dans cet édifice une ambiance particulière. À la fois intimiste et universelle. Les bancs sont étonnamment petits et proches du sol. Des bancs d'écoliers. Quelques chaises également basses, avec des coussins. Au sol, des tapis en patchwork, tout rabibochés. Une agréable odeur de myrrhe et d'encens m'enveloppe soudain. Il n'y a personne, mais quelque chose se passe dans cette église. Un instant rassurant et confidentiel.
M'asseyant sur une des minuscules chaises, je prends un temps de recueillement et songe au pourquoi, au but de cette randonnée. Des mots commencent à se murmurer dans mon for

intérieur. Des mots qui pourraient permettre à ce petit d'achever son voyage. À sa maman de trouver le répit. Des mots qui semblent vouloir se déposer là, au creux de cette minuscule chapelle normande aux dimensions d'un jeu d'enfant.

Deux heures plus tard, alors que mon amie Caroline ignore tout de cette longue marche et de ce qui lui est secrètement adressé, je reçois un message de sa part. C'est une photo.

En zoomant, je reconnais le chapelet tibétain que j'ai porté au poignet pendant toutes mes années de lycée, dont je lui avais fait cadeau. Une petite médaille attire mon attention. J'apprendrai plus tard que c'est celle de son fils Arthur, décédé.

Le soir, ma halte est prévue chez un monsieur et une dame retraités. Mes yeux ne cessent de se promener sur le jardin que j'aperçois depuis la véranda où ils me souhaitent la bienvenue. Au pied des fleurs et des arbres, des ardoises avec de petits poèmes. Et trois palmiers. Trois immenses palmiers. En *Normandie*.

Le lendemain matin avant de repartir vers Flers, on parle de tout, de rien. Sans savoir vraiment pourquoi, je les questionne sur leur jardin. Ils m'entraînent pour le voir.

Chaque plante a une histoire qui mérite d'être racontée. Elle vient d'un endroit ou d'une personne particulière. Ainsi, la relation continue à grandir invisiblement. À se nourrir.

Lorsque nous arrivons devant les trois palmiers que j'ai aperçus la veille, je partage avec eux mes interrogations sur cette présence exotique dans un jardin normand.

« C'est un *Trachycarpus*, une espèce qui résiste jusqu'à - 15 °C ! », me dit Raymonde en riant.

« Ma mère rêvait d'avoir une palmeraie. Elle est partie trop tôt, elle n'a pas pu les voir pousser. Alors j'ai continué. »

Raymonde donne des graines à ceux qu'elle aime. Chacun de ses enfants et petits-enfants a un palmier, là où il est. C'est une façon, pour elle, de continuer la lignée.

« Il y en a même un qui pousse sur un balcon à Stockholm ! » dit-elle en riant.

Émue, elle se tait. Son mari attrape alors une cosse, en extrait une pleine poignée de graines.

« Il vous faudra de la patience. Ça ne prend pas si facilement. »

Sur les six graines plantées à mon arrivée, l'une finit par germer. Sur le rebord de ma fenêtre, à Paris, pousse désormais un petit palmier. Qui s'appelle Arthur.

ARRIVER

À chaque arrivée, comme un rituel immuable, je repense au nombre incalculable de lieux par lesquels je suis passée, dans lesquels j'ai pris des cafés, mangé, dormi, bu, médité, le nombre de paysages traversés, d'époques tutoyées, de personnes rencontrées, de portes ouvertes avec simplicité...

J'imagine tous ces moments mis bout à bout, toutes les pauses, les sourires, les haltes jacquaires, les monastères, toutes les fois où j'en ai eu marre, toutes les fois où j'ai pleuré, prié, toutes les fois où j'ai jeté mon sac par terre parce qu'il était trop lourd, râlé sur le soleil parce qu'il brillait trop fort, joué à cache-cache avec les nuages qui annonçaient l'orage, toutes les fois où j'ai supprimé l'application météo parce qu'elle ne m'avait pas prédit la trombe d'eau dans laquelle j'étais prise.

À chaque arrivée, je me remémore ce paragraphe recopié d'un livre d'or dans un gîte pèlerin, où est évoqué le signe *COPA*, gravé sur le porche roman de la cathédrale Saint-Jacques.

« Tout pèlerin ayant atteint son but (CO) est destiné à un nouveau départ (A), sur le chemin de Saint-Jacques-de-Compostelle, certes, mais aussi et surtout sur son propre chemin de vie (professionnel, familial, d'épreuves...). »

Car « arriver » n'est pas réservé à la gloire du dernier soir. Arriver, sur le chemin, c'est à la fin de chaque journée. Arriver, c'est même chaque midi, chaque nuit. Arriver, c'est à chaque pause que l'on fait. À chaque pas.

L'arrivée est toujours relative à une échelle. Arriver à l'échelle du chemin n'est qu'une étape à l'échelle de la vie.

L'arrivée est l'envers du départ. Son complémentaire, son indissociable.

Au gré des années, j'ai décidé de transformer les arrivées en départs. Je suis repartie des lieux où je suis arrivée pour aller explorer d'autres territoires. Avec les années aussi, j'ai commencé à marcher dans le sud de la France, où j'ai grandi. Je suis partie à pied de ma maison d'enfance. Après la rigueur austère de mes premières marches en solitaire, sont bientôt arrivées les couleurs de l'amitié.

Mai 2022. Du petit village au sud de Toulouse où j'ai grandi, j'ai choisi de me rendre à pied chez mon amie Élodie, à une cinquantaine de kilomètres. Pour son anniversaire. Deux jours de marche.

Juillet 2022. Du Mont Saint Michel, où je suis arrivée en 2020, je suis repartie en direction de Crac'h, dans le sud de la Bretagne. Une surprise s'est invitée à marcher à mes côtés. Après mes sacro-saintes années en solitaire, j'acceptais une, puis deux compagnies. Pour le PACS de mon amie Lison. Après douze jours de marche, boum, trois zigotos qui débarquent à pied !

Octobre 2022. D'Amiens, où je suis arrivée en juin 2016, je suis repartie en direction de Lille, pour rendre visite à Charlie. Sept jours de marche.

Octobre 2023. D'Aucamville, où je suis arrivée en mai 2022, je suis repartie en direction du Lot, vers Montcuq-en-Quercy chez Fabienne. Cinq jours de marche.

Au moment où j'écris ces mots, en octobre 2024, je viens de rentrer du premier volet d'une très longue marche au départ de Toulouse, en direction de Varsovie, en Pologne, sur les traces de mes aïeux. Une longue marche où il est question de paix, de guerre, d'hommage à tous les exilés de nos lignées. Pour creuser plus loin encore ce dont est tramée notre humanité. Pour la première fois, j'ai passé des frontières à pied.

Arriver m'a permis d'agrandir mon territoire, encore et encore. Me connaître encore et encore.

Savoir que je peux arriver est la garantie que je suis capable d'aller au bout de quelque chose. Au bout d'une promesse que je me suis faite à moi-même. Car même après des milliers de kilomètres à pied, on n'arrive jamais ailleurs... qu'en soi-même.

J'ai fini par comprendre que ces immenses sentiers que je parcourais à pied n'avaient qu'une seule intention : me faire prendre conscience que la vie n'était pas un but, mais un chemin.

Que ce qui importait n'était pas tant la révélation de ce non-dit familial - point de départ de ces grandes traversées -, que je n'avais pas réussi à percer, mais la partition que je pouvais créer lorsqu'en mon for intérieur j'allais rencontrer ce secret. Que ces histoires vécues sur le chemin, en parallèle de mes recherches généalogiques, méritaient d'être racontées. Que finalement, il en allait peut-être du mystère de l'identité de mon grand-père comme de celui qui nous tenait sur Terre. Même après d'innombrables recherches, jamais nous ne pourrions saisir l'entière vérité de cette vie qui nous animait.

Tout au long de ces années à mûrir sous le soleil des sentiers, le chemin ne m'a pas seulement accompagnée ou soutenue. Non. Il m'a prise par la main et menée aux frontières de mes peurs et de mes limites les plus intimes. J'ai marché après de très joyeuses réussites ou au milieu d'éprouvants trous noirs. À chaque fois, le chemin m'a demandé quel sens je voulais donner à ma vie et quelle pierre je souhaitais poser pour contribuer à rendre l'humanité plus belle.

Tout au long de ces années, cette connexion à mes ancêtres génétiques et spirituels m'a mise en étroite relation avec les règnes minéraux, végétaux, animaux. Alors que je cherchais l'identité de mon grand-père, j'ai rencontré l'amour inconditionnel de la Terre. Et accueilli des dizaines de récits d'histoires de vie.

Arrivée au mont Saint-Michel en juillet 2020, je m'asseyais sur un rocher, et contemplais.

Personne ne sait comment le mont Saint-Michel tient debout. Des strates accumulées avec les années, chacune s'appuyant sur la précédente, non seulement pour la consolider, mais aussi s'élever. J'ai songé que chaque famille était ainsi construite au milieu des mers, reliée à l'univers, avec ses passages secrets, ses voûtes indescriptibles de beauté, ses moments de gloire et ses sombres histoires. J'ai songé que le passé était un maître : il faut savoir le remercier, et passer à autre chose.

À la rentrée de septembre 2018, je découvre dans ma boîte aux lettres une grosse enveloppe à l'expéditeur inconnu. Une petite association francilienne, dont je n'ai encore jamais entendu parler. Du moins, c'est ce que je crois. Perplexe, j'ouvre. Et tombe nez à nez avec...

Un dessin d'enfant. Un deuxième. Puis un troisième.

« J'espère que tu es bien arriver » (avec « er » à la fin de « arriver » et un cœur autour)

« Bonjour Laura, je m'appelle G., j'ai neuf ans. J'ai entendu parler de toi et de ton voyage jusqu'à Honfleur à pieds (avec un « s » à « pieds »). Je suis étonnée, car je n'ai jamais vu une personne faire ça, aller jusqu'ici, ça a l'air trop bien, BRAVO ! »

« J'aimerais te rencontrer Laura. »

« Coucou Laura, mes grands-parents aussi habitent en Normandie. J'espère que tu aimes la Normandie. »

Et…

« Est-ce que la mer était chaude ? »

Puis…

« Est-ce que tu es encore en Normandie ? »

Ou encore…

« Combien de villages as-tu traversés depuis que l'on t'a rencontré ? »

Et enfin…

« J'espère que tu as passé un bon été. »

Avec les palmiers, la mer.

Avec leurs prénoms écrits soigneusement.

Et le mien, entouré de petits cœurs,

Aux crayons de couleur.

C'étaient les enfants du minuscule village aux confins de l'Île-de-France, que j'avais rencontrés en allant à Honfleur. Ils ne m'avaient pas oubliée.

REMERCIEMENTS

Du fond du cœur, merci à Lison L. et Marion M., amies de toujours, sans qui ce livre ne serait jamais arrivé où il est aujourd'hui.
Merci à Ange-Lise L. d'y avoir cru dès le début.
Pour leur soutien inconditionnel à différentes époques de création : mon frère et mes parents, Gaspard P., Fanny E., Aldona N., Pauline W., Nicolas B., Natacha L., Fabienne R., Apolline M.
Merci à ceux dont les yeux avisés m'ont été d'un grand secours : Jacques M., Valérie B., Cécile L.-R.
Pour leur accueil chaleureux pendant les sessions d'écriture : la famille Lambert, la famille Camps, Dorotka D., Muri et Vivien R. ; les abbayes de Jouarre, d'En-Calcat, de Sainte-Anne de Kergonan.
Merci à mes mentors, coach et enseignants : Chloé M., Martin B., Aurore L., Amandine P.
Merci à l'équipe d'Albin Michel et tout particulièrement à Aurélie Starckmann, Véronique Galland, et Karine Van Wormhoudt : je suis particulièrement reconnaissante pour notre rencontre.
Enfin, je remercie pour leur engagement à mes côtés et depuis tant d'années les lecteurs et lectrices de ces aventures sur les réseaux sociaux. Ma gratitude va à toutes les personnes rencontrées sur les chemins, à ceux et celles qui m'ont aidée, offert un gîte et un couvert, et dont le prénom, le lieu de rencontre, le genre ou le métier ont été changés, pour des raisons de respect de la vie privée. À tous ces héros et héroïnes du quotidien, qu'il soit rendu hommage.

TABLE DES MATIÈRES

Ouvrage publié sous la direction d'Aurélie Starckmann

Conception graphique : Claire Morel-Fatio
Composition : IGS-CP
Illustrations : valentina-sergiy/Shutterstock.com
Carte de la p. 6 : Claire Morel-Fatio

Éditions Albin Michel
22, rue Huyghens, 75014 Paris
www.albin-michel.fr

ISBN : 978-2-226-49624-9
N° d'édition : 26053/01
Dépôt légal : mars 2025
Imprimé en France par Normandie Roto Impression s.a.s. (2500509)